BLACK SWAN 黑天鹅图书

为 人 生 提 供 领 跑 世 界 的 力 量

BLACK SWAN

シンプルに考える

—森川亮—

从用户的角度出发做产品

从爱逃课的乐队成员到LINE的CEO

从很小的时候起，森川亮的志向就是靠音乐谋生。在大学计算机系念书的日子里，森川亮最常做的事情就是逃课和乐队的朋友们练团、演出。毕业时偶然通过面试进入电视台后，森川亮满心以为自己会从事音乐节目的制作，但计算机系的学习背景使他毫无意外地成为了IT部门的一员。

几年后，面对不断袭来的互联网大潮，森川亮下定决心从电视台离职，加入业务正处于巅峰时期的索尼。他和索尼的同事一起努力，与其他公司合作成立新的宽带业务公司，一步步将只有10人的团队扩充到150人，并从中获得了自信和管理经验。2003年，森川亮彻底离开索尼，加入韩国最大的互联网服务公司NHN集团的日本子公司，这家公司正是LINE的前身。2007年，森川亮成为了这家公司的CEO。

シンプルに考える

突破 1 亿用户大关，19 个月的奇迹

在管理宽带业务公司的那段时间里，网络视频刚刚兴起，虽然使用者不多，但森川亮敏锐地注意到，用户会在看视频的时候通过页面下的留言板进行简单的聊天。“总是一起在网上边看棒球边聊天的人，甚至会渐渐熟识起来，组成一个棒球俱乐部。”这是森川亮第一次察觉网络对即时沟通的划时代意义，也是他开发 LINE 的最初灵感。

在 2011 年 3 月 11 日发生的东日本大地震中，许多民众通过社交软件来联系失踪的家人与朋友，这一现象再次坚定了森川亮开发即时通讯软件的决心。于是，在短短 3 个月的时间里，LINE 完成了从提案到上线的全过程，并于 2011 年 6 月正式上线。这一做法在向来以谨慎出名的日本企业中显得非常另类，但在森川亮看来，网络时代最重要的就是先发优势，“衡量越多，越难推进。只要产品设计是成功的，不用考虑太多”。

在产品的设计上，森川亮延续了自己一贯的“简单”风格，“归根到底，通讯工具是为了加强与重要的人的联系。功能上要尽量简单易用，让用户无需考虑太多”。基于此，LINE 率先推出了只能收发简单文字信息的功能。2011 年 10 月，又正式上线了如今大受欢迎的表情贴图功能和免费通话功能。“表情动作的沟通是跨越国家、文化的，一个表情能精确地表达用户的心情，简单活泼，人与人的距离也更近了。”靠着活泼可爱的布朗熊、可妮兔等一批形象，LINE 迅速打开了日本市场。从服务启动到用户突破 1 亿，Twitter 用了 49 个月，Facebook 用了 54 个月，而 LINE 只用了史无前例的 19 个月。

简单思考，从 LINE 开启的新征程

在森川亮简单思考的理念指导下，LINE 在进军海外市场时也表现出了异于常人的果断与迅速。“国家和文化的差别肯定是存在的，但 LINE 就算在日本也褒贬不一，这是一样的道理。与其费心拿捏各国特点，犹犹豫豫，还不如直接将商品或服务先推出去。”

在果断行动的同时，森川亮在本地化策略上也下足了功夫。在早期进军中国台湾市场时，LINE 邀请了桂纶镁拍摄创意广告，在广告中模仿可爱的表情贴图。事实证明，这种本地化路线取得了非常好的效果，在台湾智能手机用户数量为 850 万的时候，LINE 在台湾的用户量就超过了 800 万。数据显示，2014 年 LINE 的全年营收达到 7.2 亿美元，较上一年增长了两倍多。

2015 年，在带领 LINE 取得辉煌战绩之后，森川亮选择更换跑道重新出发，他辞去了 LINE 社长的职位，转而担任公司顾问。在谈到互联网企业未来的发展时，森川亮认为：“与其成为一家什么样的公司，不如成为像道路或者城镇那样的基础设施。想要实现皆大欢喜，我觉得最重要的是能够提供人们想要的东西。即使是现在，沟通仍是最重要的，失去它我们的产品也将失去意义。所以，一定要使沟通的渠道变得丰富，变得有趣。”

简单思考

［日］森川亮◎著　张舟◎译

●●●

北京联合出版公司
Beijing United Publishing Co.,Ltd.

图书在版编目（CIP）数据

简单思考 /（日）森川亮著；张舟译. —北京：北京联合出版公司，2016.9（2016.12重印）
ISBN 978-7-5502-7809-7

Ⅰ.①简… Ⅱ.①森… ②张… Ⅲ.①企业管理 Ⅳ.①F270

中国版本图书馆CIP数据核字（2016）第118152号

北京市版权局著作权合同登记　图字：01-2016-2304

简单思考

作　　者：〔日〕森川亮
译　　者：张　舟
责任编辑：朱洁譞
装帧设计：红杉林文化

北京联合出版公司出版
（北京市西城区德外大街83号楼9层　100088）
河北鹏润印刷有限公司印刷　新华书店经销
字数100千字　　880毫米×1230毫米　1/32　　6.5印张
2016年9月第1版　　2016年12月第2次印刷
ISBN 978-7-5502-7809-7
定价：42.00元

シンプルに考える

目录

中文版作者序 /01

卷首语 /07

第一章 经商不是“打仗”

思考01 “热情”才是成功的条件 / 003
怀着使命感为用户尽心尽力

思考02 商业的简单本质是什么？ / 007
由“用户”与“商家”构成的生态系统

思考03 经商不是“打仗” / 011
不盯对手只盯用户

思考 04 经营不是“管理” / 015
自由是技术创新之源

思考 05 思考问题不以“金钱”为中心 / 019
专注于创造价值

思考 06 “人”是公司的一切 / 023
“厉害角色”引来“厉害角色”

第二章 依自己的“感性”生活

思考 07 工作要自己去争取 / 031
把“想做的事”当成工作

思考 08 不追求“金钱”与“名誉” / 036
总是置身于能实际感受到成长的场所

思考 09 工作辛劳是理所当然的 / 040
知道取得成果时的“幸福”，这才是职业人

思考 10 依自己的“感性”生活 / 044
不迎合公司和上司

思考 11 不察“颜”观“色” / 048
害怕客户而非职场上的批评

思考 12 不当“专家” / 052
不做偏离本质的努力

思考 13 从“一无所有”中得到锻炼 / 056
正因为资源不足，人才要思考

思考 14 深思熟虑，直至握有“确信” / 060
深思熟虑后的失败是成功之母

思考 15 享受“不安” / 064
未来不确定，所以才有无限的可能性

第三章 不断舍弃“成功”

思考 16 不让公司变成“动物园” / 071
建设一个出成果者得回报的公司

思考 17 不断舍弃“成功” / 075
提高自身市场价值的唯一方法

思考 18 “坦率”地说话 / 079
含糊的表述会损害工作

思考 19 越是优秀的人越不会“吵架” / 083
拘泥于“胜负”者成不了事

思考 20 "人事评估"，简单是最好的 / 087
越复杂，不满情绪越高涨

思考 21 公司不是"学校" / 091
培养员工的"自主性"绝无可能

思考 22 不提升"士气" / 095
缺乏干劲的人没资格做职场中人

第四章 不需要"大人物"

思考 23 不需要"大人物" / 101
真正的领导者用自己的梦想推动人

思考 24 不需要"统一管理" / 106
现场的员工才是最高决策者

思考 25 商业不需要"人情" / 110
不营造"骄纵的结构"

思考 26 不把"经营理念"书面化 / 114
徒具形式的理念将摧毁公司

思考 27 不需要"构想" / 118
与其预测未来，不如专注于眼前的事

思考 28 不简单的不是“战略” / 122
难以理解的信息会扰乱工作现场

思考 29 守则不能攻 / 126
做好心理准备，抛弃“过去的成功”

第五章 精简一切多余的工作

思考 30 不需要“计划” / 133
计划导致应变能力下降

思考 31 不需要“事务员” / 137
不分计划者与实行者

思考 32 靠“机制”无法成功 / 141
操作手册会破坏创造性

思考 33 不需要“规则” / 145
丢弃一切阻碍速度的东西

思考 34 不开“会议” / 149
排除增加“会议”的人

思考 35 不需要“信息共享” / 153
多余的信息只会带来多余的思考

第六章 不追求“创新”

思考 36 不以“差别化”为目标 / 159
用户不追求“差别”，只追求“价值”

思考 37 不追求“创新” / 163
始终耿直地回应当下的需求

思考 38 实现“质量 × 速度”的最大化 / 167
抛弃制造方的自我满足

思考 39 “设计”主导一切 / 171
最优先考虑用户的使用便利性

思考 40 用户不会告诉我们“答案” / 175
深挖用户的声音，靠自己的头脑思考

结束语 /179

シンプルに考える

中文版作者序

大家好，我是森川亮。

2015 年 3 月我辞去 LINE 株式会社 CEO 之职，随后创办了一家名为“C Channel”的公司，为用户提供视频资源。如今我正在努力奋斗，争取使公司成长为一个全球性的媒体。

我的第一本书《简单思考》能在中国出版，令我感到非常高兴。我衷心希望大家读完这本书后，能以此为契机，深入地探讨“商业是什么”“经营是什么”“怎样才能引发创新”等议题。

在本书里，我把我的商业理念中最为根本的思想归纳如下：

商业是什么？

商业是非常简单的。

用户与商家构成的 eco-system（生态系统）——这就是商业的本质。

我们首先要给予对方有价值的东西。其结果是，别人也会把有价值的东西带给自己。我认为，努力适应这样的自然循环是人生中最为重要的事。本书所写的内容都是从这一思想中派生出来的。

在摸索出这个思想的过程中，我受到了来自稻盛和夫先生的巨大影响。与稻盛先生的相识，可追溯到我就任 NHN Japan 株式会社（LINE 株式会社的前身）社长的时候。当时我有很多烦恼，比如，“如何推进事业”“怎样才能最大限度地激发员工的潜能”，等等。于是，为了获得启示，我叩开了盛和塾（稻盛先生的私塾）的大门。

那里教的东西与我过去读 MBA 时学到的美式经营学不太一样，说起来就是一种佛教式的世界观和人生观。我以自己的方式加以解读，摸索出了“商业就是由用户与商家构成的生态系统”这一思想。

盛和塾里也有很多中国人。与这些热心向稻盛先生求教的人交流下来，我感到我们同在亚洲，彼此间存在着某种共鸣。稻盛先生追求亚洲自古传承至今的佛教思想，我总觉得我们已然跨越了国界，共同抱持着对先生的敬畏之情。

在我看来，欧美社会偏重“all-or-nothing”的价值观，有“胜者获取一切”的倾向；而在亚洲，大家骨子里都有一种协调合作、走向繁荣的思想。我想，正是因此，很多亚洲人才会对稻盛先生的教诲产生深切的共鸣。

当然，获取商业成功绝非易事。

要为他人提供价值，就必须付出艰苦卓绝的努力。而且，随着全球一体化的推进，国际竞争也越来越激烈。光说些漂亮话，是无法在这个世界生存下去的。但是，以稻盛先生的“给予之人被给予”这一生态系统思想和商业惯例为基础的经济活动若能深入人心，亚洲经济当会大步流星地向前发展——一直以来我都抱有这样的梦想。

日本和中国都在为追求进一步的创新而苦战。正因为如此，我认为拿出“首先要给予他人价值”的基本态度是最重要的。因为创新无非就是创造“过去没有的价值”。

胡乱追求“新事物”、胡乱追求“利益”，不过是单纯的自我满足。我们应深入挖掘人们所追求的价值的本质，然后迅速将其实体化。换言之，我认为，通过排除杂念，仅单纯地追求“人们所需要的价值”，便能唤起创新。在打造 LINE 这个国际化服务的过程中，我深切感受到了此原则的正确性。

本书以我在 LINE 株式会社的经历为主，用简单的形式总结了我在商业理念方面的重要观点。我资历浅薄，写下的这本微不足道的小书若能成为大家跨越国界、探讨本质问题的契机，我将会感到无上的喜悦。

2016 年 6 月

森川亮

シンプルに考える 卷首语

对于公司来说，最重要的是什么？

利润？员工的幸福？品牌？战略？商业模式？

我认为都不是。诚然，这些都很重要，但并不是最重要的。那么，最重要的是什么呢？

我的答案很简单。

不断打造广受欢迎的产品，除此无他。

不断做出广受欢迎的商品，公司就能发展成长；无法再做出广受欢迎的产品，公司就会消亡。古今中外，支配着商业活动的，就是这条简单的法则。“利润”也好，“员工的幸福”也好，“品牌”也好，都是有了热门产品后的结果。若没有热门产品，“战略”“商业模式”云云，都不过是画在纸上的大饼。所以，商业的本质就是“持续提供用户真正想要的东西”，除此无他。

那么，为此我们该怎么做呢?

答案也很简单。

仅召集具备回应用户需求的热情与能力的员工，并为他们营造出无拘无束可最大限度地发挥其才能的环境，除此无他。

为此，我们需舍弃一切不必要的细枝末节，只做必不可少的事。

我所做的仅此而已。

简单思考——这就是我的信条。

或许也可以说，我停止了烦恼。

所谓烦恼，就是陷入迷惘，总觉得“这也重要，那也重要”。结果什么也决定不了，无法转入实际行动，或是在“这也重要，那也重要”的各种琐事上分散精力。其实，人一次能做好的往往只有一件事。为了获取成果，我们必须集中精力做好一件事。所以，我认为思虑重重是不行的。

重要的是“思考”。人之所以烦恼，是因为被“表面价值”迷惑了。因此，我们必须全力思考“什么是本质”，找出最重要的东西，舍弃此外的一切。不进行简单思考，人可就什么也做不成了。

我想公司也是如此。

我们绝不能做蠢事，把“表面价值”当成“本质”；也绝不能想着“这也重要，那也重要”，分散人才、资金、时间等有限的资源。我们必须全神贯注于“回应用户需求”这一“本质”。我想，除此之外再也没有获取商业成功的方法了。

因此，我在就任LINE株式会社的社长时，就下定了决心：不问年龄、履历、职务，由具备回应用户需求的热情与能力的人取得主导权；要早于任何地方推出高品质的产品。规矩就这一条。

就这样，在创造出这一环境的基础上，我逐渐将碍手碍脚的想法从心中彻底驱除。我不拘泥于过去读MBA时学到的东西、在经管类书籍上读到的知识以及各种常识，而是一边反复摸索，一边追求“实质”，且只追求“实质”。最终，我确立了以下方针：

不战斗；

不需要构想；

不需要计划；

不共享情报；

不需要大人物；

不提升士气；

不断舍弃成功；

不以差别化为目标；

不追求创新；

经营不是管理。

或许会有人感到吃惊。没错，尽是一些大大违反常识的内容。

然而，创造了 LINE 的团体如今仍在实践这些方针。也正是因此，他们才能在短期内把 LINE 发展成全球拥有数亿用户的国际化服务。

2015 年 3 月 31 日，我把 LINE 株式会社的社长之位托付给了后辈。

我在日本电视放送网（Nippon Television Network Corporation）待过，也在索尼待过，进入 LINE 株式会社的前身——NHN Japan，则是在 2003 年。当时，它是一个只有30多名员工的亏损企业。36岁转职去当普通员工，年收入也减了一半，但是我觉得，这家创立仅3年的NHN Japan如此“年轻”，或许与大企业不同，我可以在这里无拘无束、自由自在地追求“现今世界所需要的东西”和“新的事物”。当时的NHN Japan既没有雄厚的资金，也没有品牌效应，有的只是“热情”与“智慧”。我非常怀念与同伴们一起蛮干的那段岁月。

12年过去了。这期间，我失败过无数次。

我总是努力表现得乐观向上，但老实说，也有忐忑不安无法入睡的夜晚，甚至还因为无法如愿和部下一起放声大哭过。

不过，我确实从失败中学到了很多东西。不，应该这么说，正因为对“为何会失败”进行了彻底的思考，我才得以触摸到商业的“本质”。我从不轻言放弃，一步一步坚持不懈地前进，最终才走到了如今的位置。这12年间的经历，是我一生的财富。

我想以辞去社长之职为契机，把前半辈子经历的事、学到的事、思考的事，分享给更多的职场中人，于是写下了这本书。同时，这也是一本记录，记录了我为做好工作，取得商业成功，以自己的方式对“何为重中之重”这一课题所进行的简单思考。从对未来抱有不安的年轻人，到为公司前景殚精竭虑的经营者，我想这本书或许能给你们提供一些参考吧。

当然，我资历尚浅，如有读者提出批评和建议，我将感到不胜荣幸。若能与广大朋友一起深入对“本质”的探讨，借此为世界经济的发展做出贡献，哪怕只有少许，也是意外之喜了。

森川亮

シンプルに考える

第一章

经商不是『打仗』

思考 01

“热情”才是成功的条件
怀着使命感为用户尽心尽力

有些光景令人难以忘怀。

那是 2011 年 3 月末的事。

东日本大地震刚过去，我优先考虑员工的安全，做出了关闭东京事务所的决定。而我们的运营班子则在福冈事务所继续开展业务，同时不断确认员工们是否平安。两周后，大地震的混乱渐渐平息，为了恢复营业我们重开了东京事务所。

坦率地说，我当时很担心。震灾后大家因为心力交瘁，会不会疲态毕露呢？然而，这完全是杞人忧天。大家都是一副期待已久的样子，非常专注地开始了工作。

那景象让我瞠目结舌。

那些人里就有 LINE 项目的研发者。2010 年年末，基于“针对智能手机开发专门服务”的呼声，我们从公司选拔出了一支少而精的团队。他们以市场调查为依据，反复探讨、“智能手机用户需要什么服务”，精挑细选出“游戏”“照片共享”和“交流”三大主题，并打算从中锁定一项着手开发。

然而，就在这时发生了震灾。他们基于震灾中的亲身体验，进一步深入地进行探讨与分析，确信现在大众需要的服务是“封闭式交流”。于是，他们就着手研发了后来被命名为 LINE 的通信软件。

地震过后，想必他们为确认亲朋好友是否平安操碎了心。电话、邮件、SNS……用上所有的手段，试图与亲友取得联系。毫无疑问，当时他们深切地感受到，“必须要有一种更为方便，谁都可以运用自如的通信服务”，不能仅限于一部分网络高手。

正因为如此，他们才能明确地构想出世人所需要的服务吧。必须争分夺秒，尽快做出实物，交给用户……我想，他们就是被这样的使命感驱动着。很多成员几乎都不回家，只是埋头工作。现在想想，LINE 的成功与当时的“热情”是分不开的。

我完全不干涉他们的方针和构想。

因为那是毫无意义的。

作为社长，我的工作是把重任交给比自己更专业的人。由此人担任领导，项目所需要的人员齐集一处，全力争胜。这种时候，不管我说什么都只会妨碍他们。

说起来，他们就像足球场上倒脚传球、为破门得分而全力奔走的前锋。站在球场外的我，即使发出“用右脚踢！”“射门！”之类的指示，又有何意义？球员听不到我的声音，不，是不该听。因为在听的一瞬间，比赛就会停滞下来。

更何况，射门前的判断靠的是“动物性的直觉”。球员得抓住稍纵即逝的机会射门。为了这一瞬间，前锋必须神经高度紧张。我绝不能发出不必要的杂音来妨碍他们。

我的工作是为他们扫除障碍，为他们准备必要的东西。而守护他们的“热情”，正是我最大的使命。

我的理想很简单。

职场要一心一意为用户尽全力。

经营者要守护好职场环境，让大家可以全神贯注地工作。

这是我长年以来一直在心中描绘的理想。而且，正是在这样的理想状态下，LINE 诞生了。

思考 02

商业的简单本质是什么？
由“用户”与“商家”构成的生态系统

当今，世界正在急剧变化。

技术革新飞速发展，商业环境瞬息万变。出现令人意想不到的革新，推翻过去的霸业，这种事也屡见不鲜了。我们甚至不知道目前的工作在 5 年后、10 年后是否还存在——如今我们正生活在这样的时代里。

前景，看不清……

未来，会变成什么样呢……

大家心里都怀着不安，不是吗？

我当然也不例外。

尤其是日新月异的互联网行业，对于身处其中的人来说，短短 3 个月后的状况都是不确定的。因此，不仅在事业未能如愿发展的时期，就连 LINE 大受欢迎之后，“不知明天会发生什么”的不安仍萦绕在我和大部分职员的心头，挥之不去。

但是，我并不打算强行消除这种不安。

事实上，由于不知明天会发生什么，消除不安不过是一句空话。我认为跟消除不安比起来，接受“那就是现实”“是理所当然的事”更为重要。正因为心中不安，我们才会以自己的方式去努力推测未来，做好在变化发生时迅速应对的准备。在我看来，不安反而会帮助我们。

寻求浑浑噩噩的安心感才叫危险！

在大企业工作就一辈子高枕无忧了；

按大人物的话去做就不会有问题；

出人头地的话就安全啦……

我认为没有比这更危险的生存方式了。

因为它脱离了商业的本质。

商业是什么？

商业是非常简单的。

用户与商家构成的 eco-system（生态系统）——这就是商业的本质。

给饥饿的人送去美食。

在寒冷的冬天递上温暖的衣物。

为闲得无聊的人提供简单有趣的游戏。

任何事物都可以。能满足大众需求的人，在任何时代都能活下来。我认为这是商业的唯一原则。

重要的是不断磨炼对“大众真实需求”的感知能力和使之实体化的技术。在大众需求发生变化时，能迅速察知并输送新的事物。除了专注于这些工作外，我想不出其他摆脱不安的法子。

只要在大企业工作，只要按大人物的话去做，只要出人头地……

人若是贪恋这种浑浑噩噩的安心感，早晚会被生态系统淘汰。这不就是自然的法则吗？

思考03

经商不是"打仗"
不盯对手只盯用户

音乐对我的人生影响最大。

是母亲让我和音乐产生了不解之缘。小学时我加入了棒球队，可又不怎么喜欢，心里正觉得"好讨厌"的时候，母亲要我去合唱团试音，而且帮我报了名。据说是因为她听到我在家唱歌，觉得"这孩子唱歌挺拿手啊"。

母亲可能是想给我一点自信吧。

事实上，我当时疾病缠身，得了严重的特应性皮炎，全身都是湿疹。有一段时间，我甚至不得不用绷带包着头去上学，以至于有同学给我取了个绰号叫"木乃伊男"。我每天都很痛苦，心里老想着"我一定会以木乃伊的形象走到人生尽头吧”。母亲大概是察觉到了我的情绪，所以才让我去做自己擅长的事。

我遵照母亲的吩咐去试音，凑巧合格了。在合唱团里，我反复接受高规格的训练，参加了各种各样的竞赛和活动，甚至还上过电视，也为当时风靡一时的粉红小姐演唱组做过伴唱。

由此，我渐渐沉浸在了音乐的世界里。音乐和体育不同，不用与任何人战斗。只要拼命练习，让听众感到快乐，大家就能高兴起来，我自己也会振奋起来。我太喜欢音乐的这种性质了。

所以，之后我也没间断过音乐活动。随着变声期的到来，我开始专攻打鼓。初、高中时我一直在玩乐团，到了大学时代更是勤奋练习，立志要做一名职业爵士乐鼓手。当上生意人之后，我也总是抽空打鼓，和朋友们一起享受演奏的乐趣。我一直过着这样的日子，受着来自音乐的巨大影响。

——商业的本质不也跟音乐很像吗？

这就是我的观点。打个比方说吧，公司就挺像乐团的。擅长唱歌的人，擅长弹吉他的人，擅长弹钢琴的人……担当各种角色的“高手”会聚一堂，齐心协力奏响优美的乐曲。演奏出色的话，不仅乐团成员感到愉悦，听众（用户）也会很快乐，所有的人都能开心起来。

想创造好的音乐，最重要的是要直视以下两个问题：

听众想要什么样的音乐？

为此该如何演奏？

乐团成员之间的争斗没有意义，与别的乐团争斗也毫无意义。只要人人都潜心练好自己的乐器，共同弹奏出美妙的和声，听众们必会满心喜悦。我想，这就是音乐。

当然，在现实的职场上，战斗是不可避免的。

别的公司做出了优秀的产品，我们就必须做出更好的产品，否则我们难以生存下去。此外，如果开发新产品的速度比别的公司慢，我们也会处于劣势。这就是所谓的竞争，所谓的战斗。然而，我认为这并不是商业的本质。

视竞争为本质的话，反而会误入歧途吧。

因为你的目光偏离了用户。

“把对手的市场份额抢过来！”“比对手定价更低！”“让我们的利润率超过对手！”……光顾着这些竞争，就会把对手看得比用户更重。于是目标就变成了“战胜对手”。可是，用户才不会管这个呢！他们只想听到“好的音乐”。

因此，我认为经商不是打仗。

单纯地思考用户的需求，这才是最重要的。然后再集中精力创造“用户真正想要的东西”，其结果就会为我们带来胜利。

思考04

经营不是“管理”
自由是技术创新之源

产生不了技术创新，我觉得这是日本经济的首要课题。

因此，很多公司为引发技术创新，推行了各种策略。然而，现状却是出不了什么大成果，不是吗？甚至有经营者感叹：“就算朝他们吹笛子，他们也不跳舞。”①

原因是什么呢？

我认为是经营的方法有问题。

---

① 就算朝他们吹笛子，他们也不跳舞：典出《圣经》新约马太福音十一之17。原文为“我们给你们吹了笛，你们却不跳舞；我们唱了哀歌，你们却不捶胸”。

“经营就是管理”这一成见阻碍了创新的产生。换言之，根本问题就在于，经营者总想管理员工的活动，连细枝末节都不放过，导致员工的长处无法得到充分发挥。

诚然，战后日本企业依靠高度的“经营管理”取得了丰硕的成果。但我认为，由于当时是一个大量生产大量消费的世界，所以那种管理方式才能顺利地发挥作用。不断研磨先辈们制造的产品，以彻底的品质管理和工程管理为基础，持续创造高品质的产品——在这样的世界里，管理确实很重要。

然而，时代变了。在技术创新日益重要的现在，我认为“经营就是管理”这一观念必须丢弃。

那么技术创新需要什么呢？

我在索尼公司找到了这个问题的答案。

如大家所知，索尼公司推出过不止一项技术创新。

关于原因，第一个我能想到的就是“自由”。索尼允许优秀技术员在空闲时间自由开发自己感兴趣的技术，他们可以利用公司资源尽情地搞研究。据说随身听的技术也是这样诞生的。

不仅如此，开发出令人拍案叫绝的技术后，员工们还会依自己的判断前往各大部门或集团公司进行演示。一旦双方意气相投，技术员工要么转入那个部门，要么就组建新公司，然后去创造崭新的产品或服务。

此处存在的并非“管理”，而是一个杰出的生态系统：优秀的员工们可自由活动，基于共鸣携手共事。我认为，这样的生态系统才是技术创新之源。

LINE 株式会社就存在这样的生态系统。

拿体育运动打比方的话，我们公司的组织体制更接近“足球型”而非“棒球型”。

棒球是一种非常受管制的运动。击球顺序是既定的，自己知道自己排在第几个。位置也是固定的，投手绝无可能去干捕手的活。然后，每一球教练都可以给出指示，对选手进行控制。在这项运动中，教练的指挥往往对比赛结果影响巨大。

另外，足球则是流动性极高的运动。虽说球员有位置之分，但可视情况做多种变化。有时守门员还可以去射门。而且教练也无法控制竞技过程。对各个瞬间的判断都委托给了球员本人。左右比赛走向的是每一位球员的个人技术和团队的配合。也就是说，得看有没有一个良好的生态系统在他们之间发挥作用。

发起技术创新的是人，而非系统。

越是想把员工有组织地管理起来，就越会远离技术创新。相反，只有创造良好的生态系统，使他们充满活力地投入工作，技术创新才有出现的可能。因此，现在我们要做的事很简单：舍弃“经营就是管理”这一成见。我认为，这是迈向技术创新的第一步。

思考05

思考问题不以“金钱”为中心
专注于创造价值

企业是为何而存在的呢?

我的答案很简单。

企业的存在是为了给社会提供价值，除此无他。

当然，利润也很重要。不产出利润，企业就无以为继。但是，能否产出利润只是一个结果。只要提供了价值，其结果——利润自然会随之而来。

反过来说，把利润作为商业目标才是危险的。无论是什么企业，只要开始以赚钱为先，用户必能觉察到这一变化：啊！好像有什么事开始启动了。

即便如此，在所提供的价值尚符合价位的期间，企业仍能得到用户的支持。但是，一旦用户知道企业在以赚钱为先，就会一下子离去。在互联网业界，也有大量因此而衰落的企业。

我认为，能让人甘愿掏钱的东西才会长盛不衰。为此，相比利润我们更要专注于创造价值。无论如何我们都应当致力于提高用户的满足感，然后构建一个用户与企业均感愉悦的、类似于生态系统的环境。我想这才是最重要的。

因此，我从不以“金钱”为中心思考问题。

比如说“业务外包”。搞业务外包后，应该能削减费用，但我总是尽量不选择外包，除非对方公司非常值得信赖。

技术泄漏的风险当然也是考虑的一个方面，不过比这更重要的是，很多公司都有一种“订单接受体质”。商谈时，这边说一句“想把这项业务委托给你们”，对方就会回一句“给多少钱”。一些直击本质的讨论根本无从展开。比如，“希望创造什么样的价值”“为了达成目标，什么是比较重要的”等。相反，甚至还有公司会说出“就算减少一点价值，也要把成本降下来”之类的话。

再说一个有趣的小故事，是关于某电脑厂商的。过去，这家厂商所有的生产环节都在公司内部完成，后来他们把组装的活外包给了其他企业，降低了成本。于是，公司增加力度，把各种工程都外包出去，结果导致公司内再无可做之事。由此可以看出，以金钱为中心思考问题，会让公司成为一个空壳——我觉得这个故事颇有象征意义。

比金钱更重要的是心。

“想为社会提供价值”“想创造出令许多人愉悦的价值”——公司只需聚集拥有这些纯粹热情的优秀人才，经营维护好可使他们最大限度发挥才能的环境即可。于是，员工们一边雀跃于“如果实现了这种服务，大家应该都会开心”，一边努力地工作。我认为，这种雀跃之心是非常重要的。

当然，要实现那样的愿景并不容易，艰苦卓绝的努力是必须的。不过，只有这样，公司才能不断地创造出有价值的服务，才能让用户也觉得“这家公司的举措总是那么激动人心”。我认为，这正是所谓的企业品牌建设，是一条最为简单的、令企业永生不息的原则。

所以，我确信：爱用户之心、爱自己参与制造的产品与服务之心，是取得商业成功的最关键因素。

思考06

“人”是公司的一切
“厉害角色”引来“厉害角色”

企业是人的集合。

企业文化的内涵、企业的兴衰取决于什么样的人在工作。

所以我认为，招聘工作对企业来说是至关重要的。如果录用不到“好的人才”，无论高举多么宏伟的企业理念，建造了多么豪华的办公室，推敲出多么精密的战略，企业也终有一天会没落。这就是现实。

企业和人一样。比如，对人来说，食物非常重要。一直吃对身体有害的东西，就算再去健身房锻炼，身体也不可能健康；身体不舒服，光靠药物也是无法根治的。

不改变饮食习惯，就不可能恢复健康。因此，最重要的是把什么摄入体内。

也因此，LINE 株式会社对待招聘工作极为慎重。

首先，公司不会一次性大量录用员工。因为一旦追求数量，就不得不牺牲质量了。如此一来，一些以“金钱”“出人头地”“企业招牌”为动机的人，即以“回应用户需求”之外的东西为动机的人，就会混进来。这是非常危险的。

任何事都是量决定质。“抱有错误目标的人”的比例高了，企业文化就会开始慢慢变质，公司内部也将滋生出“为用户”而努力奋斗的员工难以开展工作的氛围。甚至还会出现一些人，为了自己的飞黄腾达，给做出成绩的职员扯后腿。于是，察觉到这一点的优秀职员纷纷逃离，回过神时你才发现，“不行的人”已占据了公司的大半江山……

事实上，成功企业的倾覆往往始于大量录用，这样的案例比比皆是。从这层意义而言，公司取得巨大成功之时，更需要留神。成功后，业务量无论如何都会增加。然而，这时若轻易加大招聘力度，会带来致命的结果。彻底砍掉毫无意义的工作内容，尽可能限制录用人数。然后，我们还必须努力摸清每个人的“为人”。

该如何摸清呢？

招聘非应届毕业生时，我们以有无技术和相关经验为前提，在此基础上，注意观察此人的“价值观”和“生活方式”。追求“金钱”“出人头地”“企业招牌”的人则不予录用。在谈论“想做什么样的工作”“想实现什么梦想”时，看对方的眼眸如何熠熠生辉，看对方是否有过一定的成功经历却又始终保持谦虚、追求更多的成长——这才是关键点。

当然，在面试中我不会说一句好听的话，而是把工作的严酷性坦率地告诉对方。即便如此也毫不动摇，传达出“想做出好东西”的热情，对工作抱有纯粹理念的人，会让我感受到巨大的魅力。

话虽如此，其实我们很难通过面试百分之百地摸清对方的想法。

世上不可能存在“这么做不会错”之类的经验技巧。

相反，问题的关键在于进行面试的这一方。平日与用户坦诚相见，付出艰苦卓绝的努力，不断地做出成绩——这样的“厉害角色”能够本能地洞察对方的素质。我认为没有任何武器能胜过这种“直觉”。

而且，这种“厉害角色”的存在可为我们的招聘战略带来压倒性的优势。因为真正的优秀人才追求的既不是“金钱”，也不是“地位”，而是与业界翘楚的“厉害角色”一起共事。幸运的是，LINE 株式会社有很多“厉害角色”，所以自然而然地就会引来优秀人才。进而，“厉害角色”通过面试，还能为我们挖掘到出类拔萃的优秀人才。于是，良性循环就这样产生了。

从这个意义上说，招聘战略的根基就在于准备好一个能使优秀员工尽情发挥才能的环境。他们若能悠然自得、心情舒畅地工作，一个高质量人才会聚的生态系统也就诞生了。

シンプルに考える

第二章

依自己的『感性』生活

思考 07

工作要自己去争取
把“想做的事”当成工作

工作要自己去争取——这个简单的理念是 LINE 株式会社的活跃人士共同的行动准则。

“我想做这个工作”“这个项目有我在会比较好”——如此这般，自己去争取工作，然后一干到底。不受限于部门或项目组划定的界线，只要觉得某工作“似乎很有趣”“能发挥自己的才干”，就毫不犹豫地一头扎进去。这样的人能够不断拓宽自身的发展前景。

我对他们的工作方式感到高兴。因为，人要是觉得“工作是别人给予的”，就无法活出自己的样子了。与其一直忍耐着做不想做的事，还不如去做想做的事，我想这样的生活才是幸福的。而且，正因为是想做的事，人才会有干劲，当然也容易出成果。因我的个人经历，我对这一点深信不疑。

我的职业生涯始于挫折。

大学毕业后，我进入了日本电视放送网。从孩提时代起就热衷音乐的我，一直希望做与音乐节目制作相关的工作，哪知却被分配到了计算机系统部门。由于做的尽是幕后工作，有半年时间我一直在闹情绪，心想：怎么就我这么倒霉呢？

可是，意志再消沉也没用。于是，我改变主意，心想“既然干了，就干个彻底吧”，正式学起了计算机。但即便如此，我也感觉不到快乐。等我的工作能力达到一定程度后，各种各样的人都来找我办事。结果，调往音乐节目制作部门变得越发困难了。

转机突然降临。

恰好就在那时，互联网登场了。我觉得这东西“很厉害”，如果把电视和网络融合在一起，就能做一些比现在更有趣的事。抱着这个想法，我抛弃了“被动”的工作方式，决定一边做好计算机系统的工作，一边任意地创造一些可对互联网加以利用的工作。

最先做的一件事是建了个面向公司内部的“互联网服务提供商”。当时我根本没取得上司的许可，不过“喜好新事物”的制片人倒是常来找我，一会儿问：“这个能实现吗？”一会儿说：“来帮我点忙吧！”

我曾和后进公司的员工一起策划过智力竞赛节目。具体方案是：把电脑发给出席节目的嘉宾，请他们当场回答问题，然后让艺人猜测他们的回答。为了对系统进行操作，我也在节目中出场了，结果被上司讽刺说：“你干吗自说自话地做这些事？”

不久，我的互联网商务之梦不断地膨胀。然而，越是出成果上司就越是不放人。我始终没法摆脱计算机系统方面的工作。“我要专心致志地搞互联网！”有了这个想法后，我开始找下家，决定向日本电视放送网提出辞职。

当时，日本电视放送网还没有过辞职的人，所以公司内部引起了一次小小的骚动。在预定离开公司的三天前，上层把我叫去，对我说：“反正你都想辞职了，就做你喜欢的事好了。”

原来，公司为了我竟然设立了一个网络商务的专属部门。我万万没想到会是这样，不由得大吃一惊。于是，我终于得到了“想做的工作”，开始了一段与如今的我紧密相连的职业生涯。

综上所述，我十分确信：工作并非旁人给予之物，而是自己创造之物。

这才是工作的根本。走不出“被动”，就只会让不喜欢的工作聚拢过来。主动出击绝对好过被动等待。开始时，想做的事就算微不足道也没关系，先做着试试，并为此而努力学习。一旦取得成果，就一定能得到你想做的工作。我想，你的人生也将因此得到拓展。

思考 08

不追求"金钱"与"名誉"
总是置身于能实际感受到成长的场所

金钱与名誉对人类来说是非常有诱惑力的。

但我认为，以此作为工作的动机反而是危险的。理由很简单，因为一旦得到了金钱与名誉，就会想方设法去维持它们。其结果是，我们无法再进行新的挑战，并停止了自身的成长。我觉得这是件非常可怕的事。

曾经有一件事令我十分害怕。

那时我还在日本电视放送网工作。当时，仅因为我拿着惊人的高薪在日本电视放送网上班，周围人就对我百般奉承。然而，放眼环顾整个社会，我深切地认识到自己有多少实力。相比自身真正的市场价值，我当时的薪水和地位都过高了。我不禁害怕起来：再这样下去我就完了。

正因为如此，我才越发投入到工作中去，想在互联网产业的世界里提升自己的价值。于是，日本电视放送网为我组建了互联网产业的专属部门，干劲十足的我则在大学研究生院取得 MBA 资格，着手推动了一项又一项利用网络的新型商务。

但是，公司内部的阻力很大，我怎么也无法如己所愿地开展工作。不管怎么说，电视台的正业是播放节目。在某种意义上，我力图推行的互联网产业对从事播放工作的人们来说是一个妨碍。意识到这一点后，我再次决定辞职。这是在我 33 岁的时候。

说完全没犹豫过，那是撒谎。如果留下来，既可保证将来的生活，也能拥有一定的社会地位。我也觉得放弃这一切有点可惜。

不过，当时我又想到：抓住那些东西不放手，放弃想做的事，这种生活，这种就像在动物园被饲养的日子，我可不想过。

只要在笼中照饲养员说的去做，就能每天按时得到喂食。这或许是非常安全而轻松的人生，但无法按自己的意愿生活。当动物被放归热带大草原时，却难以再靠自己的力量获取食物，这才是最可怕的。所以，我决定离开动物园。

我转职来到了索尼。虽然年收入减半，但我并不在意。当时，索尼公司的志向是通过网络把电视设备与音乐、电影等资源连接起来，而这正是我想做的事。

然而，在那里我也遇到了公司内部的阻挠。现有部门表现出强烈的抗拒，说："为什么一定要把电视连入网络呢？"当时，公司恰好成立了一个构建宽带服务的联营企业，我便加入进去，总算是成功培育出一项年销售额达数十亿日元的事业。不料，就在这时，总公司竟派来数名即将退休的人员。我想更自由地工作，便决定把这个微小的成功也抛弃掉。

于是，我再度转职，这次进的是 Hangame · Japan

株式会社。36 岁，普通员工，年收入再次减半。由于这是一家毫无知名度的“风险公司”，还有几个熟人因此而离开了我。但是，我终于找到了一个能充分发挥自身力量的场所。

这就是我所走过的职业道路。

追求“想做的事”，一路努力而来；感到能提高自身价值时，甚至可以抛弃“金钱”和“名誉”，一路转职而来。此外，当我把自己逼入必须从零开始创出业绩的境地时，自身能力就得到了发挥；当我打开局面、渡过难关时，便实实在在地感到自己有了惊人的成长。

人类是脆弱的生物。一旦得到了金钱与名誉，就会心满意足，很难再提升自己，继续成长，然后就会紧抓着高于自身市场价值的金钱与名誉不放。然而，其结果就是成了被社会淘汰的人。正因为如此，我才强行将自己置身于严酷的场所。因为我觉得，人类能成长成“今天比昨天、明天比今天更为强大”的样子，才是幸福的。

思考 09

工作辛劳是理所当然的
知道取得成果时的“幸福”，这才是职业人

“享受工作吧！”

有时我会听到这样的话。

但是我无法对此产生共鸣。当然，工作是有趣的。因为有趣，所以才能全身心地投入。但是，“享受工作吧”这句话所含有的微妙语义与我的感受大相径庭。因为工作是严酷的。

不贯彻到底的做事态度不可能给用户带来喜悦。为了提供与用户需求分毫不差的服务，必须保持神经的高度紧张；为了打造高质量的产品，也需要艰苦卓绝的努力，而且还不允许失败。身心都暴露在巨大的压力之下，

这才是工作。工作辛劳是理所当然的。

倒不如说，我们应承受这份辛劳，淡然地面对每天的工作。然后度过这艰苦的岁月，切身地体会到取得成果时的“幸福”感。我想这才是真正的职业人吧。

至今我成功地体验过好几次“幸福”的瞬间。我也常会想起刚进 Hangame · Japan 株式会社没多久时的一件事。

Hangame · Japan 株式会社创立于 2000 年。当时，面向个人计算机的在线服务“Hangame”在韩国已拥有多达 1000 万的用户，创立这个公司就是为了在日本开展此项服务。

在线游戏离不开大流量通信，所以宽带建设滞后的日本几乎不存在同样的服务。换句话说，日本就是一个全新的市场，而我们给这个市场带来了一种崭新的商业模式：依靠免费提供游戏增加用户，通过在游戏内收取低额费用，以实现网络免费服务的收益化。

我进公司是在株式会社创立的 3 年后。当时，公司虽然已拥有 100 多万用户，但离实现收益化还十分遥远。要使这个商业模式取得成功，唯有增加用户。于是，我便开始四处奔走，招揽用户。

这时，电视给了我一个启发：免费游戏与观众可免费收看的电视不是很相似吗？最有氛围的电视节目要数现场直播。我想，既然如此，那就办个现场活动好了，然后通过网络视频直播，让来不了现场的人也能在网上参与活动，这样的话气氛应该会很热烈……

于是，我们每周都搞活动，也向用户公开了“揽客目标”，请求他们带朋友过来。用户们能和朋友们一起疯闹，想必也很开心吧。他们帮了我们不少忙，简直就像合作伙伴一样。

如此这般，靠着口耳相传，来参加活动的人像滚雪球似的不断增加。最初办活动时，网站的同时访问人数有几千人，后来增加到了 1 万、5 万……当我们集满了梦寐以求的 10 万人时，甚至有用户在留言板上说：“我在电脑前哭了。”

对此我也满心欢喜。

因为我为了这一瞬间一直在拼命努力。这是一家创办没多久的“风险公司”，人手不足。区区几个人，从游戏开发到宣传、营销，什么都得干，而且每周还要搞活动，所以大家每天都在杂居楼的某个楼层过夜，连睡觉的时间都要省下来工作，觉得“好苦啊”，也是经常的事。然而，正因为如此，得到回报时才会感到“幸福”。上述经历使我深切地感受到了这一点。

反复经历着这样的体验，我在想，这“幸福”究竟是什么呢？

我的结论如下：每个人都希望被别人认可，所以当他通过工作取悦了世人，就会感到自身的存在价值得到了承认，这就是“幸福”。为了这“幸福”，可以付出艰苦卓绝的努力。我认为这才像职业人的样子。

思考10

依自己的“感性”生活
不迎合公司和上司

LINE 株式会社里有很多“厉害角色”。

这些“厉害角色”在不断地创造爆品。

我观察至今，注意到他们有一个共通之处。那就是，所有人都在做自己喜欢的事，在追求自己觉得“好”、觉得“有趣”的事。他们不“放弃”，不“忍耐”。也许可以说，他们是在凭本心生活。我想，也正是因此，他们才能保有孩提时代的灵性吧。

我认为，要“做好工作”，这一点必不可少。

做得出好游戏的人都喜欢游戏，做得出好软件的人都喜欢软件。玩遍各种游戏，左一个右一个下载心里在意的软件试用。不喜欢的话，是无法做到这个地步的。也正是因此，他们才会明白这些东西的“好坏”，明白好东西好在哪里，坏东西坏在何处，感性也随之不断地得到磨炼。

这些人磨炼技艺的欲望比别人强一倍。他们对自己高标准、严要求，所以半瓶子晃荡的技术无法令他们满足。所以，无须旁人多言他们也会努力。

还有一点更为重要。

那就是“理解用户的感受”。人们玩热门游戏时会觉得“有趣”，而这份感受与其他用户的“有趣”感受是相互重合的。因为大家都是人。所以，如果我们一边遥想用户的感受，一边追求自身对“有趣”的感性，那么，产品自然会趋向于使用户感到愉悦。

在采纳企划时，我重视的是提案者是否将个人的“真情实感”注入到企划内。即使亮出再多的市场调研资料和销售数据，即使再三说明“这里有很大的市场”，我不认为光凭这些就真的能创造出“好东西”。

当然，光依赖感性恐怕也只会做出自命不凡的东西。所以，通过客观数据进行逻辑思考是非常重要的。但是，仅凭这个就能做出爆品的话，谁都不用苦恼了。“这个有趣！”“这个必须要有！”——制作方诸如此类的真情实感是不可或缺的。

始终在磨炼自身感性的“厉害角色”们，必然都会在企划中注入这样的真情实感。我想，正因为如此，他们才能不断地创造出爆品。

然而，我总觉得世间扼杀自身感性的年轻人正在增加，对此我深感忧虑。前些天，我还从某社长那儿听说了一件事。

这位社长给应聘者做面试，结果所有人都说了一样的话，社长觉得奇怪。某天当他看到自家公司的主页时，才恍然大悟。原来大家都在复述主页上的“公司方针”，却装作在讲述“自己的梦想”。当时，社长表情阴沉，说了一句：“现在进入了一个可怕的时代，不是吗？”

我对这句话深有同感。

想找到工作，想讨上司欢心……为了这“眼前的成功”而扼杀自己的感性，是一件非常可怕的事。由于这“成功”没有与自己的本心相重合，结果就变得十分浅薄。这样是绝无可能“做好工作”的。

依自己的感性生活。

这是“做好工作”的绝对必要条件。

思考11

不察“颜”观“色”
害怕客户而非职场上的批评

不察言观色。

这也是“厉害角色”们的共通之处。

认为上司的目标方向有误，就毫不怯弱地提出自己的意见。有软件工程师给图案设计师提意见的，也有图案设计师给软件工程师提意见的。有时他们会不顾周围的反对，制作自己有信心的产品。只要觉得“并非如此”，他们就会奋勇前进，而不是察言观色。

打个足球上的比方，他们就像野性十足的前锋。

一旦看清了球门方向，他们就会自己带球射门。即便队长在另一侧示意“传过来”也不管不顾。他们凭自己的头脑把握比赛的整体节奏，用确信为最佳的方式谋求攻门得分。

因此，不怕被误解地说一句，我感觉很多“厉害角色”都无法适应大型企业的氛围。

在大型企业里，无视上司的“示意”，凭自己的判断“射门”后，结果会怎样呢？射偏的话就不用说了，即使破门得分了，也会受到批评。“那家伙总是擅自行动”“那家伙很难派工作给他”……周围的人群也会敏锐地觉察出异样的气氛，开始远远地观望他们。

即便如此，他们也不会改变比赛的方式。

因为他们害怕。

害怕什么呢？

害怕用户。

就算制造的产品只与用户的要求偏差“1毫米”，用户也不会接受。他们从骨子里了解市场的严酷性。

所以，他们经过反复思考，确信“用户需要的是什么”后，就绝不会再妥协。当然，他们会听取各方人士的意见，进一步打造自己的产品形象，但不会做出迎合职场氛围的含糊举动。因为比起在职场上受到批评，他们更害怕偏离用户的需求。

我觉得这才是职业人。

不是这样的人，就不可能做出卓越不凡的产品。要制造“好东西”，最忌讳的就是调整。“把A的点子和B的点子融合一下吧”，如此这般添上“这样那样”的功能，只会做出复杂而难用的东西；又或者“迎合上司口味”的话，就会搞出偏离重点的“四不像”。这样又怎能抓住用户的心呢?

为什么会有调整?

因为职场上的察言观色不幸成为工作的目的。这完全是本末倒置。公司并不是为了搞好员工关系而存在的。归根结底，公司是生产场所，用来生产取悦用户的商品。为此，我们不该害怕破坏职场的氛围，不该害怕冲突。

总是对周围顾虑重重、做事模棱两可的人，或许工作也能干得不坏，但绝无可能超越“不坏”的境界。想取得出类拔萃的成绩，就绝不能察言观色。只有纯粹地追求用户需求的人，才能创造出卓越不凡的东西。

思考 12

不当“专家”
不做偏离本质的努力

我认为“专家”是当不得的。

当然，职场中人必须好好磨炼各自的专业知识和技术。但是，专家常常会迷失本质，说起来就和颠球高手一样。颠球技巧本身当然很了不起，但比赛一旦开始，不能射门得分的话就毫无意义了。然而，专家有时却会在比赛中颠起球来。

在 Hangame · Japan 株式会社的时代，曾经发生过这么一件事。

当时，游戏市场的主角正逐渐从电脑移向功能手机（featurephone）。与此同时，流行于电脑世界的是凭借计算机图形技术制作出来的精美游戏。但是，同样的技术在功能手机上很难实现。因为数据量过大，而且在手机小小的屏幕上无法再现那样的画质，所以，我认为有必要开发面向功能手机的“小巧游戏”。

一部分员工对此十分抗拒，他们说“这种东西算什么游戏”。我很理解他们的心情。过去这些人靠制作精美的游戏取得了实绩，对他们来说，制作“小巧游戏”就等同于否定过去的职业生涯。但是，我坚持认为这想法不对。因为我觉得他们偏离了本质。

游戏究竟是什么？

是玩。能让人们玩得开心的游戏就是好游戏。如此看来，“美丽的图画”并非游戏的本质，它只是游戏的要素之一罢了。拘泥于图画，不去开发功能手机所需要的游戏，简直就是本末倒置。一旦忘了“本”，谁都会犯下这样的错误。

以前我在索尼工作时也有过这样的感受。

进公司后，我被分配到一个新的事业部门。部门的任务是通过把电视或移动设备联入网络，创造出新的服务。这是我一直以来都想做的事。我每天整理企划书，反复向电视事业部提出方案，却怎么也说不到一块儿。

他们都是电视领域的超一流技术人员，却一味地固执己见，说“为什么一定要让电视入网呢”“电视不是这样的”。归根结底，对他们来说，电视就是一种“通过电波接收影像的机制”。

可是，电视究竟是什么呢？我认为电视的发明者并不是那么想的。恐怕他们是想开发一种“把影像送往远方的技术”，这也是全世界人类的需求，而当时能利用的技术只有电波。既然如此，那电波就只是手段，而非本质。接入网络当能大大拓宽电视的发展前景。

然而，人常常会受到“现有之物”的影响。有了接收电波的电视，便误以为这就是电视，然后开始偏离本质的努力。比如，提升画质一直是电视行业长年以来的最大课题。于是，高清（Hi-Vision）电视应运而生，最近又出现了 4K 分辨率. 其中大量地用到了最尖端的专业技术。但是，这真的是电视的本质吗？这真的是人们所追求的东西吗？

我一向重视这样的提问：“这究竟是什么？”

也许这朴素的提问容易被“专家”们瞧不起，但正是这样的提问使我回归了事物的本质。

思考13

从“一无所有”中得到锻炼
正因为资源不足，人才要思考

“预算太少，做不出结果的。”

找这种借口的人，没一个能干好工作。我坚信，就算给了充足的预算，他也拿不出成果。

当然，干事业离不开人力、物力、金钱等资源。而为现场的员工准备必需的资源则是经营管理层的责任。然而，每次都备好所有必需的资源是不可能的。资源总是稀缺的，这是商场的现实。

重要的是，身处此境的我们该如何绞尽脑汁拿出成果。而这反复摸索的过程才能锻炼出真正的工作能力。相比资源丰沛的环境，倒是“一无所有”的环境更能使我们成长。

切身地体会到这一点，是在我进入 Hangame · Japan 株式会社之后。

说不清是幸还是不幸，我是在大型企业开始职业生涯的。身处其中，往往认识不到，其实大企业拥有极为丰富的资源。因此，工作也非常容易开展。比如说市场营销这一块，在日本电视放送网的时候，光是发布一个公告，就会有大量媒体跟进报道。当时预算也充足，所以也很容易确保广告位。

然而，我进公司时的 Hangame · Japan 株式会社没法这么操作。虽然想强化市场营销，但苦于公司默默无名，即使发布了公告也几乎无人理睬。当然，我们也没有投放广告的预算。过去我所掌握的那套方法几乎失去了用武之地。

不管怎样，现在只能先绞尽脑汁，挥洒汗水，积极地行动起来……

我进行了各种尝试，比如彻底研究怎样制作公告才能吸引媒体人的关注，向亲友兜售服务、靠口碑推广产品，等等。相比在日本电视放送网的时候，我所耗费的心血是巨大的，但就是在这不断摸索的过程中，我得到了极大的锻炼。

就说公告的制作方式吧，比如文案的写法、公告正文的逻辑构成，等等，为了扣动人心，实则需要高深的技巧。只要能找到一句瞬间即可传递出产品魅力的话，对方的反应就会发生戏剧性的变化。在一发公告便有媒体跟进的日本电视放送网，我可学不到这些知识。

不仅如此，上述经历还锻炼了我规划新项目的能力。因为直击人心的文案就是优质服务的理念本身。先想出文案，能让很多人觉得“喔，这个好像挺有趣的”，然后反推着去设计服务内容。这样做可显著提高命中率。

从拜托做宣传的亲友那里，我也学到了很多东西。因为我能看到他们体验服务时的真实反应，知道反响良好的服务与反馈迟缓的服务之间有何不同。这种切身感受的有无，将大大左右服务产品的开发能力。进行规划或架设服务时，我眼前总会浮现出用户的脸庞，我会问自己这样能不能让他们开心呢？一个人越是能在这时浮想起用户的真实表情，就越能开发出拥有高需求的服务和产品。

如此这般，我从头开始摸索有效的市场营销方式，从中学到了本质性的技巧，也成功磨炼了自己的项目规划能力。正是资源不足才使我拥有了力量。

所以我认为，置身于资源丰富的环境未必是值得高兴的事。倒不如说，在“一无所有”的情况下，人才能迅速成长。进而在反复摸索的过程中，我们还能获得一种确信——即使资源不足也能成功。而这种确信正是职场中人自信的源泉。

思考 14

深思熟虑，直至握有“确信”

深思熟虑后的失败是成功之母

“失败也没关系，去挑战吧！”

我们常能听到这句话。但至今为止，面对自己的工作时，我从未想过“失败也没关系”。诚然，人生最大的失败就是恐惧失败、不做任何挑战。然而，话虽如此，我却认为“失败也没关系”是极其不负责任的想法。

用户使用我们的产品和服务时，耗费的是宝贵的时间和金钱。而我们却来一句“失败也没关系”，未免也太无礼了吧。更何况，项目还有投资人。我无法容忍一个职业人拿这种不负责任的态度去面对工作。

LINE 株式会社的“厉害角色”们面对工作时，也抱着同样的理念。他们完全没有“失败也没关系”之类的纵容，反倒对失败十分苛刻，无论是对自己还是对别人。公司氛围虽然自由，但也没有丝毫空子可钻，公司绝不允许员工态度散漫地对待工作。

当然，世上不存在约定好的成功。

任何事不去做一下谁也不知道能不能成功。新产品从来就是一种赌博，“绝对会成功”是不可能的。对此我深有体会。正因为如此，为了成功我从不轻易妥协。我会努力进行各种尝试，直到确信“绝对会成功”为止。这就是“厉害角色”们采取的共同态度。

所以，在做我自己领导的项目时，我会对规划进行彻底敲打。

很多项目规划都是从直觉开始的。“这个不是很有趣吗？”“有了这个不就便利了吗？”……缺少这种直觉的话，就策划不出优秀的项目。

当然，光凭直觉也很危险。因为那可能只是一时冲动的产物，也可能是自以为高明的东西。而且，能对自己的直觉抱有确信的只有了不起的天才。除了天才，谁都会感到不安。所以我才要敲打，从各种角度挑刺。倘若经不起考验，我就会退回这个规划，并要求对方进一步在逻辑上深思熟虑。

通过市场调查把握用户需求就不用说了，我们还要对位寻找相似产品，明确“这项规划”试图满足的是哪种需求，弄清“这项规划”现在为什么是必要的。总之，我会让员工进行全方位的思考。

一次次退回重做的情况也有，最终不被采用的规划也多得是。但是，经过这样的流程筛选后，直觉一旦得到了逻辑的支持，确信便应运而生，我们也就能明确地描绘出成功的前景了。只有在握有确信时，我才会发出执行规划的指令。

当然，即便如此有时也会失败。

这种时候也是没办法的。我从来不听借口，因为这样做毫无意义。相比之下，从失败中吸取经验才是最重要的。这时，之前的逻辑思考就派上了用场，因为我们可以借此对失败进行分析查证。

我们可以把产品开发比作钓鱼。把船停在洋面上，身子转个 360 度，思考哪里会有鱼群（需求），然后放下钓线。如果能碰上鱼群，这个产品就算成功了。依赖直觉的产品开发就相当于胡乱放下钓线。这样的话，失败时根本就无法进行分析查证。

而所谓的有逻辑地开发产品就是建立假说：在这 90 度的范围内应该有鱼群吧。一旦有鱼咬钩的迹象，再考虑进一步缩小到 45 度的范围即可。如此这般不断缩小范围，终有一天会成功。

在这里，重要的是“假说的精度”，也即“深思熟虑，直至握有确信”。而接下来要做的则是加快这一循环的进程。人的成长速度就取决于此。

思考15

享受“不安”
未来不确定，所以才有无限的可能性

年轻时，我以为人生存在于一条“直行道”上。

只要从好大学毕业、进入好公司、认真工作，就能出人头地、涨工资，孩子也会茁壮成长，然后迎来幸福的晚年生活。我以为世上有这样一条“直行道”，这大概是因为我下意识地相信世人普遍都会相信的观点，又有点害怕偏离这条“直行道”。

然而，我却在半路上抛弃了这条“直行道”活到了现在。因为我想追寻自己喜欢的事度过人生。走在没有路的道路上绝不是一件轻松的事。为了能给这个世界提供一点价值，我日夜奋斗，总算是成功地走到了今天。

如今我已确信，“甚至不知道明天会怎样”实乃人之常态。

过去的我所描绘的“直行道”只是单纯的幻想。倒不如说，没觉得未来不明才是危险的。尤其是在瞬息万变的现代，我们必须始终绷紧神经，想着“天知道什么时候会发生什么事”。只有这样，感性才能不断得到磨炼；只有这样，我们才会做好准备，以应对变化，当变化发生时便能迅速做出反应；只有这样，我们才能培养出这种充满野性的生命力。反之，相信“直行道”、期待有人告知未来会怎样、不面对现实、迷迷糊糊地过日子才是最危险的。

说起来，人类就像是被抛进了这个世界。这里不存在固定的道路。我认为人类是自由无羁的，一切都应该由自己来决定。做什么工作，如何对待工作，在什么公司工作，要以什么为重……我想，人生就是由这些选择决定的。

当然，我时常会感到不安。

然而，这就是世界的现实，所以我们还不如去享受这个不安。我想，正是因为未来不明，所以其中才蕴含着无限的可能性。而我们则可以拿自己赌一赌这个可能性。我认为，树立这样的生活态度是非常重要的。

世界上不存在百分之百的好事。任何事都有好的一面和坏的一面。看到好的方面，积极向上地思考问题才是最重要的吧。当然，在“未来不明”“变化剧烈”之中确实存在消极的一面。可是，“未来令人不安所以不去挑战”“变化太快所以跟不上了”，又怎能创造出任何有价值的东西呢？倒不如想着“未来不明所以才有了各种可能性”“变化剧烈所以才有了机会”，积极向上地生活为好。

我的幸运就在于，LINE 株式会社聚集的都是这样的人。

我们一起经历过盛衰荣辱。在 Hangame・Japan 株式会社的时代，我们曾大获成功，夺取了日本在线游戏业界的桂冠。但好景不长，一部分也是因为对功能手机问世这一变化应对有误，致使公司后来陷入了一段时间的苦战。当时的情况相当不如人意，我甚至还和部下一起放声大哭过。

当时也有人离开了公司。不过，留下的全是彻头彻尾的乐天派，反倒非常享受互联网世界的剧变。因为他们知道，掀翻业界魁首的大潮不涌来，他们就将永远处在最底层。大潮到来之际，就是机会来临之时；大潮频繁到来，就意味着无限多的机会。为了赌赢这些机会，他们每天都在磨炼自己。而我的身边就只留下了这些人。

正因为如此，我的员工才能将智能手机的问世视为一次良机，果断发起挑战，进而成功研发出了 LINE。

未来不确定，所以才有无限的可能性——我认为，一个人能否获得成功就取决于他是否相信这句话。

シンプルに考える

第三章

不断舍弃『成功』

思考16

不让公司变成“动物园”
建设一个出成果者得回报的公司

我在进入 Hangame · Japan 株式会社的 4 年后，被任命为社长。当时，我暗中抱有危机感，因为公司的状况与我进来时相比有了根本性的变化。

我刚来时，公司还是一个有 30 多名员工的亏损企业。所以，大家都在拼命工作。但仅仅 4 年后，我们就在日本在线游戏市场占得了首位。

究竟发生了什么呢?

大家都变幸福了。工资涨了，结婚了，有了孩子，买了房子，每天都能早早地回家了。当然，这些都是好事，但我却察觉出了“危险”。因为公司采取的是年功序列式的薪金制度。

只要在公司一直待下去，工资就会如电动扶梯一般自行上升。抱此想法的人当初为了得到用户的认可，也曾两眼放光、努力工作过，如今却已失去这种野性，好似被拔掉了牙齿，渐渐地就真的陷入了“动物园状态”。

我不禁觉得，人类果然是脆弱的……

人一旦幸福了，就不再追求更高的东西。几乎没有人还会宁愿自己受苦，也要为用户尽心尽力。

当然，在没有竞争的社会里，这样可能行得通：只要守得住到手的成功，或许就能一直幸福地生活下去。然而，互联网行业是瞬息万变的，竞争也十分激烈。若不能一直创造出新的“价值”，转眼间就会被用户抛弃。

这个世界是用户和商家的生态系统。所以，将“取悦用户，从而使公司获得利润、员工也富足起来”的循环不断推进下去，才是最重要的。我们不能让公司变成

“动物园”。当你安居于动物园，不再适应生态系统时，幸福便会轻易离你而去。幸福之后再无幸福。

不仅如此，还会有更严重的问题凸显出来。

由于是年功序列制，一个非常能干、为公司做出了贡献的员工，只因是刚进公司，拿的工资就比不怎么做事的老员工少，没有人不对此感到疑问。进而，甚至还有人认为新员工威胁到了自己的地位，开始对其大加攻击。这真是太不正常了。于是，有一天我宣布：“我决定重新设置员工的薪金。从今往后，我要优先把薪水支付给那些做出业绩、向用户提供了巨大价值的人。”

我把过去的薪金和职称全部归零，重新评估所有员工，改变了薪资结构。

不出所料，反对的员工络绎不绝，公司里也是一片哗然。

但我对此充耳不闻。因为大呼反对的只有那些业绩平平却拿着过高工资的人。而且只是单纯的感情论，说理说不通，所以我自有打算，认为没有必要和他们争论。

最终，很多反对者都选择了辞职。但我没有补充人员，而是逐步把辞职者的薪水分配给做出成绩的员工们。仅此就大大提升了一直在努力工作的员工们的士气，而我也成功地把“建立一个真正能干的人会得到回报的公司”这一简单方针灌输给了每个员工。

思考17

不断舍弃“成功”
提高自身市场价值的唯一方法

废除年功序列式的人事制度——这是我任社长后推出的第一个方针。

人类是脆弱的。只因在公司里待得时间长就能得到回报，在这种机制下，员工不可能为用户拼命努力工作。所以我改换制度，让工资与在职年数脱钩，优先把薪水支付给为用户提供了巨大价值的人。

不过，光是这样还不够。

因为企业必须永不停息地创造新的价值。

研究过去的企业盛衰史，我发现了一个简单的法则，那就是：一直做同一项事业的公司会走向衰落。而互联网行业这个复制产品极为容易的世界更是如此。只做同一项事业，竞争对手很快就会纷纷效仿，使产品沦为陈旧之物。所以，如果公司缺乏不断创造新价值的资质，就无法幸存下来。

于是，2009 年我决定把当时的 NHN Japan 株式会社（继承 Hangame · Japan 株式会社的公司、LINE 株式会社的前身）中，将打造新产品的创造性工作与打磨已成功产品的维护性工作分割开来。

这里的关键是，员工发挥创造能力开发出爆品后，要交由维护部门接手。谁都眷恋自己创造的成功，谁都想进一步亲手打磨自己的产品。把产品交给别人，总会有一种懊丧感。但我还是要让他们放手，然后请他们再去创造新的价值。换句话说，就是不断舍弃成功，将这种理念打造成企业文化之一——上述决断的目的就在于此。

这是一条严酷的道路。但我认为，“不断舍弃成功”关系到一个人的成长。

挑战新的事物，失败的风险自然也会升高。正因为如此，人们才会紧抓过去的成功不放，进入“守成”模式，并开始执着于一成不变。然而，就在这期间，新技术层出不穷，用户的需求也在持续变化。当你反应过来时，已然被时代淘汰了。

所以，还是不断舍弃成功为好；即使前路坎坷，也还是不断地挑战、去创造新的价值为好。这是不断提升人的“市场价值”的唯一方法。

当然，谁都会感到不安，不知道自己“能否不断成功”。而且，越是新的事物，失败的可能性就越大。有时还会觉得心灰意冷吧。但是，只要坚持不懈、反复努力，成功过几次后，就会变得有信心了。这时，你才真正成为一个优秀的人。

由这样的人占据主导的企业是强大的。

因为“守成者”不成气候。

公司若被死守过去成功的人掌了权，便极难做成新的事业，从而打破过去的成功，其证据就是“新事业部门”的存在。说起来，公司为什么一定要设立“新事业部门”呢？这是因为现有部门不愿挑战新事物，而且他们还有权有势。所以，如果不赋予“新事业部门”相当大的权势，它们就会被挤垮。这样的例子不是很多吗？

与其创立新事业部门，还不如打造一种总能令最优秀的员工创造出新价值的企业文化，这才是关键。不断舍弃成功，不转入守成模式，不停地激活抱持这一简单信条的员工。我认为，这个方法能打造出真正意义上的强大企业。

思考 18

“坦率”地说话
含糊的表述会损害工作

LINE 株式会社已形成一种坦率说话的企业文化。

即使内容难听，也毫无顾虑、清晰地表述出来。“这个计划很无聊”“这个软件就像泡开的方便面嘛”……当然，这时也要好好说说你的根据，在此基础上，把想说的意思明确地、不被人误解地传达给对方。我一直很推荐这种简单的沟通方式。

这是有原因的。

LINE 株式会社为参与全球竞争，招募了各种国籍的外国员工。然而，正因为如此，最初公司内部的沟通并不总是非常顺畅。

日本人总是顾忌对方的感受，在沟通方式上偏向委婉，对自己的真实想法也只是点到为止。这是日本文化好的方面。但是，在与外国人沟通时，这一点就会引发问题。因为外国人不明白日语中的微妙含义。

比方说这句话："我觉得可以，虽然有点那个……"日本人当然能判断出是这是"有一点问题"的意思，而外国人则搞不清这到底是"行"还是"不行"，没准儿会误解为"往这个方向努力没问题"。抱着误会开展工作，最后被打回重做的话，对方还会觉得你在骗人。

所以，我们说话要注意坦率。

这对日本人来说也是好事。

由于互相了解对方的真实想法，所以既不会产生沟通上的分歧，也不会出现抱着误解工作，最后不得不从头来过的无用功，还省去了为揣摩对方意图所耗费的精力和承受的压力。其结果是，开展工作也会变得格外顺利。在商场上，速度就是生命。因此，与其考虑对方的感受，把话说得含糊不清，还不如训练如何明确地表达自己的意见。

指导部下也是如此。

社会上有关“赞美教育”“培养干劲”的方法简直是多如牛毛。这些方法确实理想，但难度不小。

所以，我总是建议经验尚浅的管理者，别想得那么复杂，还是把心里想的直接告诉部下为好。不恰当地奉承能力不足的人，只会让对方误以为“我很行”。其结果是，他们不再认真努力，然后渐渐沉沦下去。这样的人我见过很多。不恰当的体恤会摧毁一个人。

与其顾虑重重,还不如清楚地说一句“你能力不足”。部下也许会意志消沉，但事实上对方确实能力不足，这也是没办法的事。应该这么说，如果一个人不能以此为契机，努力成长起来，就绝无可能成为独当一面的人；

如果他是那样的人，就算话多少有点难听，也要让他直面现实。这才是真正的体恤，不是吗？

归根结底，人为什么不想触痛对方呢？

有时我觉得，其实是因为人不愿让自己受触痛吧。人不愿触痛别人，令别人对自己产生恶感。人总是想避免与对方冲突。如果这才是真正的动机，那我认为这是错误的。

重要的是目的。

“想做出使用户愉悦的东西。”

“希望部下成长起来。”

倘若达成这些正当目的需要实话实说，那么不管对方会如何看待自己，我们也要坦率地说出来。我想，这才是一个职场中人真正意义上的诚挚态度吧。

思考19

越是优秀的人越不会“吵架”
拘泥于“胜负”者成不了事

坦率发言——我总是在各种场合推荐这一企业文化。

于是，必然会有人问我：“那公司内部的冲突多了不麻烦吗？”

这个问题提得合情合理。事实上，最初推行坦率发言的时候，公司里经常发生争吵。员工们个个都是对自己的本事充满自信的人。

“这个做法不对！”

“这样的质量怎么行？”

诸如此类的小冲突层出不穷。

但是，我对此却采取放任自流的态度，并不强行调解。因为我认为在双方互不理解的情况下打圆场毫无意义。

不久，我就发现了一件有趣的事。

越是优秀的人越不会吵架。

员工们都是人，听了让人恼火的话自然会生气，所以才会吵架。但是，他们很快就能警醒。工作是为了创造出“好东西”，吵架的时间拿来干点儿什么不好？他们会意识到，把时间花在这种事情上，实在是非常愚蠢。

于是，员工们会停止争吵，开始讨论：哪方的意见是在为用户着想？判断的基准就这一条。拿自己的意见与对方的意见激烈碰撞，接受更有说服力的那个；抑或是双方通过交锋，想出一个更好的点子。一旦得到了自己认可的结论，便基于这个结论拼尽全力——这就是他们的讨论方式。

而另一方面，也有人总是吵个不停。他们寸步不让，直到分出“胜负”为止；只要对方不承认自己是正确的，就会一直吵下去。

这些人为什么会这样呢？我不动声色地做过一番观察，然后就明白了。简而言之，他们是在为自己而战。他们为了保卫“自身正确性”，不断攻击对方，而绝非是在为用户而战。归根结底，这些人并没有打算创造“好东西”。说得更清楚一点，他们只是在为自己工作。

于是，优秀者不再理睬执着于“自身正确性”的人。因为与没打算做出“好东西”的人再怎么碰撞，得到的也只是无聊的“胜负”，产生不出任何有价值的东西。渐渐地，唯有想做出“好东西”的人聚集起来，创造出一个个优秀的产品。

如此这般，公司内部的自然淘汰也开始启动。

要么停止“为自己工作”，要么离开公司。这样的抉择自然而然地摆在了争吵者的面前。

据说就算是现在，刚进 LINE 株式会社的人也会小吃一惊。

因为员工们互相交流时，从不把自己的真心话藏着掖着。不过，这跟吵架完全是两码事。即使对方的意见辛辣无比，那也不是对自己的攻击。大家都在替用户认真寻找着“答案”，他们有的只是互相之间为做出“好东西”而努力工作的信赖感。正因为以信赖为底，“坦率发言”这一企业文化才能有效地发挥作用，成为创造更优质产品的原动力。

反过来说，在缺乏这种信赖感的公司推行“坦率发言”的企业文化，则是非常危险的。因为“为自己工作”的人会开始互相倾轧。说到底就是一句话：聚集在公司里的人是为什么而工作？也即“这是一个什么样的公司？”

思考 20

“人事评估”，简单是最好的

越复杂，不满情绪越高涨

LINE 株式会社的人事评估制度极其简单。就是所谓的 360 度评估。每个员工都接受来自上司、同事、部下的多方位评估。然后，公司会要求被评为“有他没他一个样”的职员改善工作方式。我们采用的制度就是这么简单。

事实上，在 LINE 诞生之前，公司采用的是一套非常复杂的人事评估系统。评估项目多达几十个，分五个等级。员工先给自己打分，然后上司进行再评估，算出总分后，找部下面谈，告知结果……之所以采用如此细致的评估系统，是考虑到员工对人事评估的不满情绪会大大影响公司内部的士气。

然而，大家对这套系统评价很差。

第一个问题就是精力消耗巨大。

第一线的员工要填写有几十个项目的评估表，当然很麻烦，但最大的问题是管理层负担太重。一些部门的上司甚至会在人事评估上耗费一个月左右的时间。

进而，员工的满意度也很低。就算上司说“这个项目等级是 1，但那个项目等级是 3，总分是多少多少，所以你还需努力”，部下也完全摸不着头脑，因为他不知道具体该怎么做。

更糟糕的是，一部分员工还对这个评估系统备好了攻略。

比如，有些人工作不怎么热心，却总是和上司一起吃饭喝酒。这么一来，上司就会在“沟通能力”一项上给出高分。而另一边认真对待工作、又有实绩的员工，只因为没陪着喝酒，就在“沟通能力”项目上得了低分。

没人会认可这种评分。

评估系统搞得越复杂，攻略、对策也就越多，结果反而造成“有实绩的员工不满情绪高涨”这一本末倒置的状况。

一个耗费巨大精力却制造了不满的系统，这真是恶性循环啊！

由此，我们开始思考：评估究竟是什么？

仔细想想，其实我们每天都在接受周围人的评估。别人觉得你可靠，就会纷纷上前打招呼，找你商量事情。反之，谁也不来找你，就说明旁人对你的评价不高。

LINE 株式会社一直奉行坦率发言的企业文化，所以不会对不受好评的人说些貌似对其评价很高的话。有一说一，从不含糊。既然如此，在人事评估时也简单地把真实想法传递过去，不就好了吗？于是，我们现在所采用的人事评估系统就这样诞生了。

当然，被评为“有他没他一个样”时，一部分人会深受打击。但是，员工若不能从日常工作中感受到这一点，努力使自己成长起来，本身就是不正常的。如果员工没意识到，那就借人事评估的机会，清楚地把周围人的评价告诉他，然后激他奋起。这才是真正为他好，不是吗？

思考 21

公司不是“学校”
培养员工的“自主性”绝无可能

公司不是学校——这是理所当然的事。

公司是工作场所，而不是什么教育机构。

所以，LINE 株式会社不搞教育和培训。招聘面试时，如果对方问“公司有哪些培训制度”，我们就会担心地想：“这个人行不行啊？”

事实上，在 NHN Japan 株式会社时代，我们一度办过教育培训。为提高员工的技术能力，准备了相当充实的培训课程。然而，我们马上就意识到这很愚蠢。

因为干劲十足的员工来了，缺乏干劲的员工却没来。即使说一句“好不容易公司在搞培训”，勉强把没干劲的人叫来，也培训不出个结果。不上心的话，当然就会变成这样。

反之，有干劲的人只要觉得有需要，就会自己开始学习——问上司、看书、上学校的培训班……既然如此，公司还不如考虑在资金上支援他们自发学习——这就是我们的结论。

原本我就不怎么喜欢“教育”这个词。因为正如我们总在说的“接受教育”那样，“教育”这个词展示的是一种“被动接受”的姿态。当然，在孩提时代，人们需要接受教育，学习生存所必需的、最低限度的知识和教养。

但是，走上社会后仍抱有“接受教育”的意识，就让人无法理解了。进公司是因为这家公司有你想实现的东西。我们自认只录用了对此“念想”有共鸣的人。所以，我们的员工理应具备“想学习”“想成长”“想掌握”之类的自主性。“被动接受”的意识本身就是不可思议的。

工作并非旁人给予之物，而是自己创造之物。换言之，一切的基底都需要自主性的存在。没有自主性，是绝对做不好工作的，也绝无可能大展鸿图。我认为，要求公司“提供教育”的人在提出要求的这一刻，就已经有问题了。

而且，也只有他们才会说出这样的话：“没能成长是因为公司不提供教育和培训。”

这只是把“教育”当借口罢了。

我想，就算是为了杜绝这种借口，公司也应尽量避免使用“教育”这个词。

其实，对这些人来说，“教育”反倒是一种毒害吧。因为我们无法把人教育得“有自主性”。

与其教育，还不如放任不管，直到他们发现“自己有不足之处”“这样下去谁都不会再需要我了”。只有意识到这些，人们才会认真地开始学习。

除此之外，还有什么方法能让人拥有自主性呢?

思考 22

不提升“士气”
缺乏干劲的人没资格做职场中人

提升部下的士气——人们常说这是上司的重要职责。

但是，我对此抱有极大的疑问，因为企业录用的是职业人。必须靠公司或上司来提升士气的人，我认为是不配做职场中人的。我倒是觉得，这个观点被说得像常识一样，恰恰证明社会整体正在趋向于幼稚。

自己学习、自己行动起来，缺少这种意识的人做不了需要承担责任的工作，更别说创造新事物了。有干劲的人聚集一处，时而互相碰撞，同时向世间输送“好东西”——我认为这才是一个公司应有的姿态。

当然，对工作倾注了热情，却没能获得成果，被项目主管排除在小组之外，或项目本身被叫停时，谁都会陷入一时性的士气低落状态吧。

一直以来，当我断定对公司是必需的时候，我会把主管降职或项目中止的决定传达给员工。这种时候，没有什么能让对方欣然接受的技巧。唯有诚心诚意地告知经营层的“想法”，真心实意地解释发起新挑战的重要性。如此这般真挚地与员工们面对面，除此别无他法。

即便如此，他们仍要丧失士气的话，那也是无可奈何的事。在商场上，结果就是一切。我们不能为顾及员工的士气，让难出成果的项目继续下去。只是因为做不出成绩、被排除在项目之外就士气低落的话，我们只能判定他原本就不是真正意义上的职业人。虽然听起来苛刻，但我想这就是商场的现实。

除此之外还有一个问题，那就是希望别人来提升自己士气的人会拖优秀员工的后腿。

我常听大企业的人说，做管理工作的人很累。必须对部下进行教育和评估，总是收到大量审批文件，又要给高层写报告书，此外还得为部下加油鼓劲。他们整天疲于奔命，处理这些与用户全无关系的杂务，把工作带回家做……这种状况一旦持续下去，任谁都会苦不堪言吧。于是，他们放弃了“为用户服务”的志向。我只觉得这是在错误地使用优秀人才。

给身为企业主力的优秀管理人员配备一群需要鼓劲的部下，这么做真的有建设性吗？对企业来说也只会导致管理成本的上升。公司有这样的员工——这件事本身就隐含着问题的本质。

要得到好的结果，一个能让优秀人才不被无用的杂务缠身、迅速投入工作的环境是非常重要的。既然如此，我想我们可以理所当然地得出一个结论：公司不需要一个既创造不出价值还会拖优秀人才后腿的员工。

因此，我认为没有必要去提升员工的士气。

士气不是公司或上司的问题，而是员工个人的问题。

说起来，热带大草原的野生动物会想什么“最近提不起士气来”吗？它们不可能这么想。它们只知道拼命地生存。在公司里工作也是如此，不是吗？

第四章 不需要『大人物』

シンプルに考える

思考 23

不需要“大人物”
真正的领导者用自己的梦想推动人

社长没什么了不起——这是我的观点。我并没有公开说过，但大家应该也都是这么想的。就算我在公司里走动，也有人不会注意到我，而且也没人会向我打招呼。但是，我一点也不觉得困扰。

对事业进展一帆风顺的部门，我基本采取“不插嘴”主义。因为一帆风顺时，与其横插一杠，还不如下放权力，这样才能提升速度，事业也会进展顺利。不过，即便是工作开展得不错的部门，偶尔我也会对现场的一些状况产生单纯的疑问。这时，我会通过“LINE”发送信息，问“为什么要这么做”。至于对方来一句“现在我很忙，请过后再问”，把我晾在一边的事也发生过好几次。

但我觉得，这点事不算什么。假如他们听我说了些什么就摇摆不定的话，我反而会感到不安。

说到底，还是因为LINE株式会社聚集了很多“想做出好东西”的人，所以员工们只会觉得“大人物”碍手碍脚。他们感兴趣的不是“大人物”，而是“厉害角色”，是比自己更能不断地做出“好东西”的人。

如果社长做出了好东西，则另当别论，否则他们是不会对社长感兴趣的。年轻时我也有这样的想法：社长总摆出一副了不起的模样，员工可就不太好做工作了。有锐气的人往往厌恶权威。所以，我总觉得自己要是摆架子的话，优秀的人才会一个个地辞职，离我远去。

原本我就有一个疑问。

我不太明白做“大人物”有何意义。

“大人物”是什么？是倚仗职权、权力、权威支使别人办事的人。但是，我很难认为这与本质意义上的“领导能力”是一回事。因为他的部下只是在无奈地服从。靠这点是不可能激发出团队能力的，而且还会授众人以口实。

“是社长这么说的。”

“是董事会这么决定的。”

员工抱着这样的想法，又怎能做好专业性的工作呢？

那么，到底什么才是领导能力呢？

我认为，所谓的领导就是言“梦”之人。

“用户追求的是这种东西，所以就让我们来实现它吧！”

“我们要把这种价值送到用户面前！”

关键在于，是否拥有足够的说服力与热情，以聚集起周围众人的共鸣。有时也可能是一种决心。“就算只有我一个人，我也要把它做成”——有时这样的决心也能引发大家的共鸣，从而缔造出一个为实现梦想而战的团队。

推动这个团队的引擎是对梦想有着共鸣的成员们的主动性。他们不是服从“大人物”的指示，而是为实现梦想，充分发挥他们在各自领域所拥有的才能。而我认为，走在这群自立者的最前列、能引领这个团队的人才是真正的“领导”。

所以，想培养领导能力，未必需要成为“大人物”。当然，我的意思不是不要职权。在组织运营方面，职权是不可或缺的。但是，靠职权指挥他人做事并非“领导”的本质。能否用自己的梦想去推动人——这一点才是“领导力”的本质。

进而，我觉得拥有这种领导能力的员工越多，公司也就越强大。所以我认为，身为社长的我带头不做“大人物”是非常重要的。

其实，做“大人物”反倒危险。

如果社长满足于权力与职权，藐视世间的动态、用户的需求，以及在第一线直接面对用户的工作伙伴而提出意见，把公司引入错误的方向……光是想象，就觉得很可怕。

思考24

不需要“统一管理”
现场的员工才是最高决策者

工作现场正在全速运转……

这时，员工对领导的要求是什么？是准确而又迅速的决策。领导的决策迟了，现场恐怕就不得不中断工作，并积累起不必要的挫败感。进而，如果决策不正确，整个组织都会误入歧途。

那么，我们如何才能做出准确而又迅速的决策呢？

我的答案很简单——精简“数量”即可。

我认为决策有两种：一种是由自己决策，另一种是指定“决策者”。

LINE 株式会社的事业涉及方方面面。我是凡人，不可能做到样样精通，如果一定要对一切事务进行决策的话，必会拉低“质量”和“速度”这两方面的水准。于是，我就把需要由自己决定的事务减至最少。我认为自己应该集中精力，只对那些社长才能拍板的事务进行决策。

然后就是指定“决策者”。把权限下放给在某个事业领域能力比我强的人，一切都交由他来决策。至于把权限交给谁？我想这才是一个领导者最重要的决策。

做决策本来就是离工作现场越近越好。因为现场的员工最接近用户。拥有与目标用户相近的感性，总是在思考用户感受的他们，无疑才是最高决策者。

这种时候，离用户甚远的社长频频冒头又有什么意义呢？比如，我已经是个大叔，现在我们要开发一个面向女高中生的服务，做设计的时候我在旁边说一句“这个红色好像不对吧”，只会妨碍人家工作。现场的员工也会“干不下去”。

与其指手画脚，不如把权限交给现场人员，请他们自由自在地想怎么干就怎么干。当然，自由伴随着责任，他们必须对最终结果负责。自由，但也严厉，这就是现实。正因为如此，工作才需要“热情”。

这在战略上也是正确的。

据说近年来军队的指挥方式有了巨大变化。过去，全世界的军队都采取严格的中央统管制度，但近年来权限渐渐向现场转移。理由很明显，因为现在游击战、局部战争已成为主流。各个战场情况截然不同，靠中央统管很难面面俱到。

这一点不也同样适用于现代商业吗？因为用户的需求已变得多样化。换言之，我们就像在各个事业领域、各个产品上进行局部战争。每个领域、每种产品的用户不同，需求各异，制造者必须具备的感性当然也都不一样。既然如此，正确的做法就是交由现场判断，而中央统管则是毫无意义的。

因此，我的工作就是指定“决策者”，然后把一切都托付给这个人，不再过问。

即使过问也是在此人被解除职位的时候。倘若更换“决策者”仍然做不出成绩，该怎么办？到那时，我会引咎辞职。

就这么简单。

思考 25

商业不需要“人情”
不营造“骄纵的结构”

我认为经营公司很简单。

社长找来在某个领域比自己强的人，然后把该领域的工作托付给他。不顺利的话换人，顺利的话就不换。项目的存废也是如此。做出了成果就增加人手，做不出成果就减少人手。有时还可以解散项目。我想，经营无非就是对这一点的贯彻。

“公司运营不畅……”

我时不时会听到这样的声音。我认为我们可以把公司运营不畅的原因看得很清楚，因为数字会告诉我们是哪个项目没有出成果。

足球也是如此。假设有一支球队连战连败，只要我们分析败因，就能知道吃败仗是因为得不了分，还是因为失分过多。能进球，但失球更多，那问题是出在后卫上，这时就需要更换后防线；反之，如果后防稳固，只是进不了球，那就必须更换进攻线。除此之外，还有什么办法能让球队获胜呢？

接下来就是做不做调整的问题了。仅此而已。

但是，人们却做不到这一点。

为什么呢？因为“人情”阻碍了他们。让这个人降职的话，就太可怜了。中止项目的话，对那些成员就太残酷了。于是，他们无法做出应做的改变，拖拖拉拉，使情况越加恶化。

然而，这真是一种温情吗？

我不这么认为。对做不出成绩的主管进行降职处理，然后期待他东山再起。只要他借“懊恼”这根发条努力奋斗，实力必会随之增长，到时候再起用他就行了。相反，尴尬地保住他的位置，反而是在剥夺他奋发向上的契机。结果，别说个人成长了，我们还会因为姑息不良项目给公司造成损失。情况最糟糕的时候，我们甚至会把公司逼入绝境。这根本不是什么温情。

我向来对这种“人情”心存怀疑。

我觉得，施舍人情其实是为了保护自己吧。假如换掉业绩不佳的主管也做不出成果，社长本人就必须引咎辞职。于是，高层为避免这种情况的发生，开始模糊部下的责任。营造这种“骄纵的结构”才是他们的本意，不是吗？由此可见，公司不做本应该做的事，只会使问题复杂化。如此一来，公司经营又怎么可能顺畅呢？

所以，我总是抱着承担最终责任的觉悟，一一做出决断，或解除业绩不佳的主管的职位，或中止项目。当时也有人讨厌我，有的还恨上了我，可这也是没办法的事。当然，被员工厌恶的话，社长的工作就很难做了，但讨好员工不是社长的工作。让员工成长起来、让企业成长起来，这才是社长该做的事。为此，社长必须下定决心，纯粹地贯彻商业原则，就算行事严厉也无妨。

相反地，如果公司运营顺利，就不必做任何改变。社长要少管闲事，把一切都托付给现场，悉心维护现场以保持这一状态，并将放权贯彻到底。其实，公司在运营顺畅时并不需要社长。被现场的员工说一句“请放手”——这个程度刚刚好。

当商业环境急剧变化或公司出现危机苗头时，社长再挺身而出，改变公司内部状况就是了。

思考 26

不把“经营理念”书面化
徒具形式的理念将摧毁公司

“要不要把贵公司的经营理念书面化？”

曾有企业顾问这样劝过我。

在经营企业的过程中，经营理念是非常重要的。

“公司为何而存在？”

“经营公司是为了什么？”

“公司的行动规范是什么？”

我们若不好好定下这些经营的基本理念，就会做出错误的判断和行动，并使公司陷入危机。于是，我们遂决定着手制订经营理念。

然而，很快我就产生了一种虚无感。因为我渐渐觉得，把经营理念书面化并没有实质上的意义。

首先，就算某个理念对现在的公司来说是正确的，但随着时代的变化，恐怕也会有渐渐背离潮流、背离现实的危险。当然，也许到时候适当做一点修改即可，但在修改的过程中，我们极可能再次落后于时代。特别是互联网业界变化多端，我认为没有必要硬去冒这个风险。

当然，LINE 株式会社并非没有经营理念。

“提供用户真正需要的东西。”

“让社会变得丰富。”

“通过服务给用户带来幸福。”

从经营管理者到普通员工，每个人都抱着上述想法在工作。

换言之，这就是 LINE 株式会社的理念。只要这理念存在于日常工作之中，又何必非要书面化呢？

将经营理念书面化甚至是危险的。

因为书面化恐怕会导致理念的形式化。

比如，公司决定每天早晨让员工诵读经营理念。大家作为员工会怎么想？平时对待工作越认真的人，就越会觉得这种表面形式很无聊吧。其中应该会有一部分人表示“与其搞这种仪式，还不如让我工作”，拒绝加入诵读的队伍。

如此一来，会发生什么情况呢？

有人会出来指责他们。

“你为什么不跟着一起读？”

“你这样可不太像公司的员工啊。”

被人这么一通责备，任谁都会腻烦。于是，越优秀的人就越是想辞职走人。这完全是本末倒置。当经营理念徒具形式时，甚至能摧毁一个公司。

所以，我们最终放弃了对经营理念的书面化。

重要的不是“形”，而是“实质”。将经营理念书面化没有意义，全体员工共有同一个理念，在日常工作中去实现它才是有意义的。

为此，我们能做的无非就是只录用抱持上述理念的人，珍视为用户不辞辛劳、努力工作的员工。即使每日清晨诵读，或将字句裱进气派的镜框挂到墙上，也不意味着经营理念就能渗入员工的内心。我倒是觉得，理念因此而变得徒具形式才是最可怕的。

思考 27

不需要"构想"
与其预测未来，不如专注于眼前的事

"公司对未来的构想是什么？"

"公司有什么中、长期战略？"

至今为止，我多次被人问到这样的问题，这些人里有媒体人，当然也有员工。

每次我的回答都是："不，公司并没有什么简明易懂的构想。"

听我这么一说，部分员工会面露不安，各位媒体人也会露出遗憾的表情，简直让我有一种愧疚感。但是，没有就是没有。其实我倒是想反问一句："公司为什么需要构想呢？"

近年来，有人指出了“构想经营”的重要性。

何为“构想”？构想就是基于经营理念，用“中长期规划”这类“可见的形式”来表述企业的奋斗目标。换言之，就是“表述未来”。外界总把“构想”说得像经营者的职责似的。

但事实真是这样吗？

谁也不知道“未来”的事。所以，我觉得很难把不知道的东西书面化，尤其是在这个变化剧烈的时代。把不知道的事说得有鼻子有眼，才叫不负责任吧。

我回顾自己过去的工作，也还是得说一句：未来无从知晓。进入 Hangame・Japan 株式会社时，我们努力的目标是要在面向个人电脑的在线游戏业界占据首位。后来功能手机和智能手机相继问世，要问我们是否预测到了这个未来，答案当然是“没有”。进而，LINE 成长为在全球拥有数亿用户的服务，也不是靠“预测”做到的。

而这不正是商业的现实吗?

既然如此，还是别高举“构想”什么的为好。因为我们会被这构想束缚住。比如，我们要是高举“成为功能手机业界第一”的构想，就会在智能手机登场时，反应慢上那么一两拍。此时，我们不但要说服一路遵从公司构想工作过来的员工，还必须劳神重建新的构想。在这种事情上耗费精力，我们将会落后于时代的变化。

想在这个激变的时代中生存下去，最关键的一点是自己要迅速改变。硬是制造一个阻碍自身变化的东西，我并不认为有何意义。预测不可能知晓的未来，对公司来说是一项多余的工作。我们还不如先集中精力应对“眼前”的需求，并保持敏锐的神经，不断观察这项需求是否有变化的征兆。我认为这比构想更重要。

说起来，人们为什么需要构想呢?

我想，这是因为他们希望别人为自己指出未来的“前景”吧。他们不知将来会变成什么样，希望有人能为自己消除这份不安。他们希望公司明示对未来的构想，以此来求得安心。

其实，我觉得这样很危险。因为这会使人失去危机感。人类正因为不安，才会磨炼出敏锐的神经。也正是因此，才能敏锐地应对用户的需求变化，在紧要关头做出比谁都快的反应。磨炼这种野性的感觉，直接关系到一个人的生存能力。我确信，缺少大量此类员工的公司无法在这个变幻莫测的时代存活。

思考 28

不简单的不是“战略”
难以理解的信息会扰乱工作现场

经营企业，易懂性非常重要。

这是我在经营企业的过程中得到的收获之一。

倘若经营者觉得“这也重要那也重要”，发布难以理解的信息，就会扰乱到工作现场。经营者应只挑最重要的内容，简单易懂地传达给员工。这一点极为重要，关系到能否最大限度地发挥一个组织的力量。所谓“战略”，其实就是这么一回事。“这也重要那也重要”不是战略，锁定才是战略。

刻骨铭心地学到这一点是在我进 Hangame・Japan

株式会社的时候。

在日本电视放送网工作期间修完MBA课程的我，打算利用各种经营指标和分析手法制订公司战略，例如SWOT分析、ROA、ROE等。然而，谁都理解不了这些东西。不，他们甚至没打算去理解。那是当然。他们是制作游戏的专业人才，原本就不关心这种东西。“不管三七二十一先做出‘好东西’不比那个重要吗”——当我听到他们这么说的时候，不禁恍然大悟。是的，这话完全正确。

学习“经营学”能获取各种知识。这些知识对经营者来说非常重要，但与现场的工作人员共享则毫无意义，反而只会妨碍他们工作。

想象一下饭店的经营活动，可能会容易理解一些。比如，给厨房的大师傅送去各种经营指标和分析结果有意义吗？师傅浏览文件、左思右想，结果只会让饭菜凉掉。与其这么做，还不如坚持只说一句话：“不管怎样请做出好吃的饭菜。”一家饭馆能否经营下去，归根结底要看端出的饭菜可不可口。可口的话顾客自然会上门来吃，不可口的话顾客就不会再来第二次。仅此而已。

经营企业也一样。让现场的工作人员专注于制作“可口的饭菜”（好东西）即可，此外的一切都是多余的。

所以，LINE 株式会社的战略只有一条：早于任何地方推出高品质的产品。

现场的主管反复把这条简单的信息传达给员工。我认为当时的员工都对这条战略抱有信心。

当然，视场合而发的信息也是非常简单的。

比如，我们看到 LINE 有望热销时，贯彻的战略是：LINE 事业可以不赚钱，现在只考虑怎么增加用户。

在互联网商业领域，重要的是获得用户群。用户群大了，之后就必能推行商业化。当时我认为，我们应该牺牲销售额，不管怎样先集中精力，只做能为用户带来利益的事。

说真的，作为经营者，销售额也好利润也好我都想要，这也是实情。但是，如果我发出“既要销售额又要增加用户”这种悖论式的指示，只会导致现场的混乱。与其这样，还不如让员工们全力以赴去扩大用户群。所以，我才敢于明确地传递出“可以不赚钱”的信息。

结果是，我们的员工以压倒性的速度接连开发出了免费电话、图章、游戏、企业官方账号等新服务，使LINE一跃成为世界上成长速度最快的服务之一。

思考29

守则不能攻
做好心理准备，抛弃“过去的成功”

守则不能攻——我认为，这条经营铁则可使我们在这个变幻莫测的时代生存下去。

“新事物”往往具有否定“旧事物”的一面。然而麻烦的是，所有企业都是凭借“旧事物”一路取得成功，才有了现在的业绩的。因此，它们无论如何都会力图守住“旧事物”，而无法妥当地应对“新事物”。也就是说，它们无法再发起进攻。

对此我有过刻骨铭心的体会。那是我在索尼工作的时候。有段时间我在负责给移动通信事业提案的部门工作，准备建立一个新项目，内容是通过网络连接移动设备和电子信息。但在那时，我看到的是一个严酷的现实世界。

当时索尼在推进一个与 iPod 有着相同理念的产品。可是，我怎么想都觉得这个产品正在不断走向歧途。之所以这么说，是因为公司为防止自家的电子信息产品遭违法拷贝，实施了严苛的技术性限制手段。

诚然，如果电子信息产品被违法拷贝，著者的权益就不用说了，公司的利益也无法得到保障。但问题是，如此一来就会做出不符合用户需求的东西，这毕竟是不对的。结果，面对互联网这一新生事物，索尼举措失度，最终败给了“无可守之物”的苹果公司。

其实我也犯过同样的错误。

当时，Hangame · Japan 株式会社在面向个人电脑的在线游戏业界占据首位。恰好就在那时，对功能手机游戏的需求开始不断高涨。我们觉察到这一点，在 2004

年开设了功能手机游戏网站。梦宝谷网站（Mobage-Town）是2006年开设的，可见我们领先了两年之久。

但是，我们的策略错了。

我们的想法是以个人电脑为主，功能手机为辅。简而言之，就是想"守住"面向个人电脑的服务。然而，这并不是功能手机用户所需要的。

就在这当口，从半路杀出了DeNA[①]和GREE[②]。它们接连开设专门面向功能手机用户的游戏网站，并获得了巨大成功。而我们好不容易办出同样的网站则是在2008年，早已错失时机，再无挽回的余地。

---

① DeNA：日本网络服务公司。1999年创立，总部设在东京。主营社交游戏平台Mobage（梦宝谷）。该平台为包括日本、中国、韩国和其他国家、地区的玩家提供由第一、第三方开发的免费多人在线移动社交游戏。

② GREE：日本著名的SNS网站。原为创始人田中良和出于个人兴趣创办的网站，自2004年12月设立GREE株式会社后，该网站进入正式运营。"GREE"一名来源于斯坦利·米尔格兰姆提出的六度空间理论（Six Degrees of Separation）。

这真是一次令人悔恨交加的失败。抛弃成功毕竟是困难的，我们既害怕业绩下滑，又舍不得丢掉过去的资产。作为经营者，想守住这些东西是理所当然的。然而，这却导致我们对变化做出了错误的应对。由此可见，人必须有强大的意志力，做好抛弃“旧物”的心理准备。

——这就是我从失败中学到的深刻教训。

这次失败在后来发挥了积极作用。当智能手机这个“变化潮流”到来时，经营层的全体人员都赞成“把资源集中在智能手机上”。由此，我们先于其他公司，成功做出调整，将全部精力放在了智能手机用户身上。

在这里我们得到了一次机会。因为很多在功能手机上大获成功的公司都想守住“过去的成功”，用户 ID 便是其中一例。它们发布的程序所要求的 ID 认证方式与功能手机上的一样。但这不是用户所希望的，因为操作起来比较麻烦。事实上，即使有人下载了这些程序，实际的使用率也是非常低的。

于是，LINE 的规划、开发人员秉承“电话簿就是人际关系”的理念，不但不考虑 Twitter 和 Facebook 的 ID，还把同属一个集团的 Hangame、NAVER、livedoor 的 ID 也排除在外，构建了一个用电话号码就能通过认证的简单机制。而这一点正是 LINE 广为普及的原因之一。

当时如果经营者打算“守成”，情况会如何呢？恐怕他们不会去尊重那些开发人员的判断。我不禁再次玩味起“守则不能攻”这句话。为了应对某日将再次到来的“大变化”，我想我们绝不能忘记这句话。

シンプルに考える

第五章
精简一切多余的工作

思考 30

不需要"计划"
计划导致应变能力下降

"不需要事业计划。"

我一直明确地把这句话挂在嘴上。有的公司不设中长期规划，但没有年度计划的公司几乎不存在，所以每次大家都很吃惊。当然，我并不认为这是一个普遍性的理论，适用于所有企业。我只是觉得，各家企业、各项事业各有适合它们的具体做法。

事实上，最初我当 NHN Japan 株式会社的社长时，也曾制订过精密的计划，要求员工贯彻执行。当时我认为这是"经营常识"。我曾在日本电视放送网、索尼这样的大公司工作，对日式经营方法比较熟悉；又取得了MBA资格，学习过美式经营方法。在这两种经营方式中，“事业的计划性”都是一个重要的概念，所以我想理应也适用于NHN Japan株式会社。

然而，这种做法却未能很好地发挥作用。

原因很简单。互联网世界的变化实在太快。就算是几个月后的事都很难准确预测。于是，市场环境一旦变化，计划也必须跟着改变。这就使公司内部产生了不和谐的声音。

“社长三天两头地变来变去。”

“社长正在动摇。”

每改一次计划，就能听到一些员工的批评声。就算我解释说“世界正在变化，这是没办法的事”，也很难让他们理解。对此我稍感棘手。被员工批评没关系，更改计划耗费的精力才是一个非常大的问题。因为，如何迅速顺应变化是我们商务活动中最关键的。

此后，在 LINE 诞生之际，我发现了一个简单的解决方法。

“不发表计划就行了。”

我的想法是：日本人抱有一种强烈的印象，即“变化是坏事”。所以就会出现一些对计划更改反应消极的员工。既然如此，计划不发表就是了。这样的话，谁都不会意识到计划已经改变，大家都能高兴起来。而且最重要的是，员工对变化的抗拒也会随之消失。

所以，严格地讲，并不是“没有计划”，而是停止在公司内宣布计划的详细内容，只把希望达到的底线透露给各项事业部门的主管。之后的事则交由他们自行判断。

听我这么一说，肯定有人要问了：“设置底线的话，现场的员工不会因为达成了底线就松懈下来吗？”

我觉得这个疑问合情合理。不过，LINE 株式会社有许多满怀热情，“想做出好东西”的员工。只要握有公司主导权的人是他们，就不必担心产生懈怠的氛围。

而且，他们对用户和市场的变化比谁都敏感。一旦发生变化，无须旁人多言，他们就会依自己的判断转换方向。反之，正因为有了计划，就会出现一些人，在他们想做变化时拖后腿、掣肘。既然如此，与其把计划传得尽人皆知，还不如由他们来掌舵，令他们集中精力、迅速制造高质量的产品。如果用户认可这项产品，业绩自然就能达标。优秀员工不受计划的束缚，自由地发挥才能，取得的成果反而会远远超过我的预期。

总之，在LINE株式会社，社长要做的不是公开计划、监督执行。抱持“想做出好东西”的理念、具备优秀能力的员工握有公司的主导权——守护这样的职场环境才是社长该做的事。

思考31

不需要“事务员”
不分计划者与实行者

关于“事业计划”，我想再指出一点，那就是，不可划分“计划者”和“实行者”。

在很多情况下，大企业里会有一群被称为“事务员”的人，工作内容是制订计划。相比天天面对用户、拼命想做出“好东西”的第一线员工，“事务员”往往握有更大的权势。对此我总是感到疑惑，因为这样会产生巨大的弊端。

最大的弊端在于，“事务员”握有权势会导致工作目的蜕变为“完成计划”。

就拿日程管理举例吧。诚然，在某些情况下，企业执行严格的工程管理就能做到按计划生产，这种时候进行日程管理应该是有意义的。但是，新商品开发这种创造性的工作未必能按计划进行。

所谓“创造”，是指“从0做出1来”。如果脑中浮不出新点子，便寸步难行，也无法进行“日程管理”。即便如此还要按计划进行的话，就只能降低质量了。

销售管理也是如此。年末将至，按现在的走势无法达成销售目标，就强行把品质欠佳的产品推向市场，这难道不是本末倒置吗？

我们制造产品不是为了完成计划，做出让用户感到幸福的产品才是我们的本意。“事务员”握有权势，从而使上述应有的姿态发生扭曲——我认为这是一项极其严重的弊端。

不仅如此，还会出现另一个重大问题——计划是不存在失败的。“事务员”制订计划，要求现场执行。如果工作不能按计划进行，那就是现场的责任，而“事务员”却不会被追究责任。正因为如此，越“聪明的人”就越想做“事务员”的工作。因为这是一条走向飞黄腾达的捷径。

然而，这在本质上难道是正确的吗？我深表怀疑。对公司来说，最重要的是做出令用户欣喜的东西。公司必须是一个能让为此而努力的第一线员工得到回报的组织，不是吗？

所以，LINE 株式会社没有所谓的“事务员”。

各事业部门的主管与现场的员工一起探讨如何推进工作；各项目组有各自的计划。这就足够了。

当然，我们不会把计划书面化。项目组内每天都在交流，所以不必特地做成文书，计划也自然会在大家的脑中形成共识。此外，情况时时刻刻都在变化，把计划做成文书是没有意义的。与其把精力花在一次次的修改上，还不如让员工们全力去制造产品。

如此这般，公司非但没有发生任何问题，反而还出现了非常理想的状况。由于是员工自己执行的计划，所以比较实际；正因为是员工自己思考制订的计划，所以执行起来也有力。

思考 32

靠“机制”无法成功

操作手册会破坏创造性

我认为，现在已不是靠“机制”就能成功的时代。

诚然，想要高效率地反复做同一件事，“机制”是极其有效的。通过将业务流程手册化、标准化，可使一件工作无论谁做都能得到一样的结果。但是，在这样的商业模式下，只要人力成本低的中国或越南也形成了相同的机制，我们就完全无法争锋了。这个时代已不能靠“机制”来获取竞争优势。

相反，这样的商业模式非常危险。因为在如今这个时代，若不能持续创造新的价值，企业就无以为继。然而，靠“机制”又不可能创造出新的东西。我倒是觉得，无法“机制化”的部分才蕴含着竞争力的源泉。

LINE 株式会社基本不存在操作手册。

公司对现场只有一个要求：早于任何地方推出高品质的产品。至于“工作样式”则全权交由现场决定。不，说得更准确一点，其实是我们无法手册化。因为“创造性”这种东西完全是因人而异的。

我们可以想象一下，作曲方法能手册化吗？根本不可能。可能的话，谁都可以当贝多芬或莫扎特了。古今中外所有的作曲家应该都是以自己的方式在作曲。

与之相同，制造爆品的方式方法也是多种多样的，不可能写得出操作手册。有的员工一有新产品的构想就赶快造出试制品，只有这样他才能进一步扩展思路；有的员工则先以计划书的形式把构想明确地记录下来，觉得这样起步比较容易推进。拙劣地将这些流程手册化，只会束缚他们的创造力。

项目组也是如此。

在 LINE 株式会社里，各个项目组的工作方式是截然不同的。

有些项目组由规划人员主导“构想”的归纳整理，由设计师、软件工程师负责把“构想”付诸现实；有些项目组的规划人员则只是为制造产品的设计师、软件工程师提供支持。这些都是调和了成员个性与特征后自然形成的组合，也即所谓的“生态系统”。

硬要把项目组纳入某种“形态”，只会令它们丧失创造性。经营者不该以“机制化”为由多管闲事。现场的员工怎么做都可以，只要能做出“好东西”就行。

那么，我们该如何创造这样的生态系统呢？

方法有一个，且只有一个：注重创造一个能让出成绩者便于工作的环境。不强求他们遵循组织的行为准则，而是让组织去配合他们做事的方式。同时也允许各项目组采取不同的工作方式。

如此这般，就会给公司带来决定性的竞争力。因为“生态系统”不像“机制”那样，能被第三方复制走。正因为如此，我才认为无法“机制化”的部分蕴含着竞争力的源泉。

思考 33

不需要“规则”
丢弃一切阻碍速度的东西

在互联网业界，速度就是生命。

除非能在技术上拉开较大差异，否则即使创造出新的价值，也会马上遭到复制。我们必须以此为前提来思考工作的方式方法。因此，在创造新价值的同时，我们要以最快的速度反复进行改善。此速度若能凌驾于对手之上，我们就不会被超越。这条简单的原理正是互联网业界的必胜法则。

那么，为了提升速度我们该怎么做呢？

很简单，不做多余的事，一切都化繁为简就行。

浪费时间的会议、浪费精力的申请书、慢慢吞吞的审批、每天向上司做的报告……

“这些真的有必要吗？”——以此视点加以查证，你会发现职场上有的是多余的规矩。一旦把这些规矩扫清，就只留下做主要工作的时间。结果，速度自然就达到了最大化。

举个例子，LINE 株式会社是不写程序设计书的。如果是重视权限和职责的公司，就会制作规整的设计书、事先知会各方。公司的审批不下来，软件工程师和设计师是不会行动的。于是，这就造成了巨大的时间浪费。

而 LINE 株式会社采取的不是这种“棒球型”的管理方式，而是“足球型”的管理方式。如果软件工程师和设计师对产品理念有了共鸣，不必特地写设计书，可以立刻着手开发产品。由于我们还下放了权力，所以现场的主管也能当场做出决断，吼一句：“干吧！”一旦决定要做，设计师就会立刻画出用户界面，软件工程师则以此为基础开始编程。由于说干就干，所以我们的速度得到了无以伦比的提升。

这里我想提醒一句，事情可不是“不写设计书就行”这么简单的。倘若重视权限和职责的企业文化仍有残余，那么不写设计书只会造成职场的混乱。不下放权力，现场便无法做出决策，在等待上层批复的过程中恐怕就会产生时间上的浪费。此时，不写设计书只能产生有限的效果。

这个问题不仅限于设计书，会议、申请书、报告等，也不是停止了就一定能提升速度的。有时职场反而会陷入混乱，导致效率低下。那些“表面现象”再怎么治理，也解决不了根本问题。

把工作托付给热心“想做出好东西”、身怀技术、具有野性的“前锋”——这才是最重要的。他们每天都在接触用户和市场，即使无人指出也明白速度的重要性。

就算放任自流，他们也会以顶级速度全力疾走。而我们该做的则是让组织去配合他们。

因此，我们既下放权力，又采取“足球型”的管理方式，也废除了阻碍他们全速奔跑的规矩。结果，我们所做的一切得到了有机整合，整个组织的速度也实现了最大化。

过去的组织理论总是主张：抬高底层水平与提升组织力量密切相关。也就是说，努力让那些“不行的人”成长起来，整个组织的力量才能得到提升。然而，事实真是如此吗？我内心存疑。

与其这么做，还不如让“前锋”全力疾走。我认为，一个人拼命地努力追赶了，才会成长起来。因此，一直以来我的经营目标就是去配合“顶级速度”。我认为这是建立一个强大公司的最佳方法。

思考34

不开“会议”
排除增加“会议”的人

常听到一个说法：越不行的公司会议越多。对此我深有同感。

专注于该做的工作——公司多的是这样的员工，就一定会取得成就。用会议把日程表填满才能安心——这种员工多了，公司不可能有未来。我本人几乎不出席会议。如果我连那些参加了也毫无意义的会议都要插一脚，就没有干工作的时间了。

所以，在LINE株式会社，关于项目与服务的现场工作会议虽然频繁，但不存在浪费时间、徒有其表的会议。重要的不是“开过会议”这一表面事实，而是讨论的内容和决策的质量。除非议题事关重大，否则用邮件就够了。

那么，怎么做才能减少会议呢?

首先，要排除增加“会议”的人。

某人给我讲过一件有趣的事，说是有个可以在大企业出人头地的办法。那就是做一名“事务员”，尽可能多参加会议。

早早地探知似乎会进展顺利的项目，然后出席该项目组的会议，担任会议记录员。制作文书时写得就像自己也为项目的成功做出了贡献。一旦项目前景不妙，就调整行动，不让责任落到自己身上。如此这般，为自己制造“实绩”，再向上层邀功，很快就能平步青云。

虽然对方是半开玩笑的，但这也不是不可能。事实上，喜欢开会的人多是在工作第一线不与用户接触的人。恐怕对他们来说，能发挥其存在价值的场所就是会议室了。于是，他们开始把制造、运作多余的会议当成自己的工作。抑或是在现场插个嘴，搬出“法令遵守上有问题”“存在合同风险”之类的话，想借此找一找存在感。

然而，对想专注于产品的现场员工来说，这实在是一种干扰，甚至是危害。找别人工作的茬儿，尽挑毛病，我认为这是工作无能者的典型做法。所谓工作，就是为用户提供价值。不想为此做贡献的人，没有哪个是能干好工作的。

既然如此，无视这些人就行。即使在需要开会的时候，也不叫他们。这么一来，他们就在公司里失去了容身之所。总有一天他们会面临抉择：要么改变工作方法，要么离开公司。于是，专为他们而举行的会议就消失得一干二净了。

要想消灭会议，还有一点也很重要，那就是权力下放。

我在大企业工作过，所以很清楚，大体而言职位越高会议就越多。这是因为参与决策的机会多了。所以从某种程度上来说，这也是没办法的事。但是，一天到晚连轴转地开会，可就没法好好工作了。

既然如此，那就下放权力好了。把权限交给信得过的部下，我就不用再出席会议了。利用这个时间，我就能集中精力做只有自己能做的决策。

当然，中层管理人员也不好擅自把权力下放给部下。正因为如此，我认为社长应该积极下放权力，这一点非常重要。然后，社长再劝告部下下放权力。公司需要社长带头起表率作用，将“权力下放”树立为企业文化之一。

如此一来，会议数量自然就减少了。

思考 35

不需要“信息共享”
多余的信息只会带来多余的思考

公司必须共享信息——这一点如今已被视为常识。

应该建立完备的体制，让公司以及各部门的重点课题、目标、实绩等信息在公司内部得到共享——大家都觉得这是经营者的职责。

过去我也是这么想的。所以我会定期召集公司的项目主管，来一场信息共享会议。然而，有一天一位成果不断的优秀主管对我说：“这太浪费时间了，我能去干活吗？”

真是一语惊醒梦中人。确实，这个会议只是把时间耗费在通知和报告上了，并没有产出什么能与用户的价值挂钩的东西。既然如此，还是专注于创造价值的工作为好。这位主管的话完全正确。

于是，我废除了这个会议。

公司以及各部门的重点课题、目标和实绩，只要往公司内部的数据库里一放就行了。虽说允许阅览的内容按职责级别的高低有所限制，但大体而言，想看的人可以随便去看。如此这般，我们对信息进行了整理。

这以后出过什么问题吗？

答案是什么问题也没发生，反倒还营造出了大家能专心工作的氛围。

如今我认为，表面化、形式化的信息共享是没有必要的。

比如，共享每个部门的销售数据，这有什么意义？知道数据业绩就能上升的话，我觉得共享一下也不坏。然而这不可能，因为这跟用户没有任何关系啊！既然如此，肯定是不去关注这些数据，全力做好眼前的工作比较好。

反之，共享了这些信息后，就会有员工开始关注多余的事。

隔壁项目组的销售额是多少？

我们组是多少？

那个组创下了多少销售业绩，拿了多少奖金？

他们会越来越关注这些多余的信息。这类员工几乎无人能拿出成果。相反，拿得出成果的则是专心工作的人，他们原本就对其他部门的数据不感兴趣。

或许有人会有这样的疑问：“知道其他部门的销售数据，公司内不就会迸发出竞争意识来了吗？”

诚然，我认为与邻组比试业绩之类的竞争意识，可以激活公司的能量。然而，这是否就是本质呢？满足用户的需求是我们的工作，但公司内部的竞争不是。

我倒是觉得，沉迷于业绩竞争，结果导致“用户至上”意识的丧失和“销售优先主义”的泛滥更危险。我不反对员工之间构筑健康的竞争意识，但也不认为经营者特地制造公司内部竞争有何意义。

说到商业，那就更简单了。

只要拿出好的服务，终有一天会得到好的结果。

相信这一点，只专注于为用户提供价值——这是迈向成功的最短途径。公司发布多余的信息，造成员工无法专心做眼前之事的局面，才是大问题。所以，我们不需要“信息共享”。

シンプルに考える

第六章 不追求『创新』

思考 36

不以“差别化”为目标
用户不追求“差别”，只追求“价值”

不以“差别化”为目标——这是我的观点。因为“差别化”并非商业的本质。

说起来，差别化究竟是什么呢？

字典的释义是：突出与其他事物的不同之处。也就是说，通过突出与其他商品的不同之处，获取竞争优势。诚然，与其他商品毫无差别的产品是没有存在价值的。而且，只要调查一下热销产品，你总能从中发现迥异于其他商品的地方。

话虽如此，我却很难认为“追求差别化”是正确的。

考虑差别化的时候，我们在看什么?

在看目标产品，在看竞争对手。里面没有用户。换句话说，我们越追求差别化，恐怕就越会远离用户所追求的东西。用户追求的不是“差别”，而是“价值”。如果一件商品对用户来说没有价值，就算差别再显著，用户也不会理睬。

互联网行业的历史也是这么告诉我们的。

在 Yahoo！和乐天等门户网站大获成功的那段时间，不断有企业依靠类似的服务奋起直追。这也就是所谓的网络泡沫。然而，随着泡沫的破裂，这些服务几乎消失殆尽。

为什么呢?因为这些企业都以“差别化”为目标。它们研究 Yahoo！、乐天等先驱者的服务内容，为制造差别，在自己的产品上追加了多种服务和功能，结果却做出了用户难以捉摸、使用不便的东西。进而，这又导致了一个个单项服务的低品质，也拖慢了升级的速度。

最终，它们未能得到用户的支持。

但是，也有企业跨过泡沫破裂后的“累累尸骨”成长了起来。那就是 Google、Facebook 等后进企业。

当时它们做了些什么呢?

它们紧盯先驱者最有价值的部分，仅单纯地针对这部分价值深入挖掘。如你所知，Google 将焦点对准了搜索引擎。Goggle 认为，在 Yahoo！提供的服务中，最为用户所需要的就是搜索功能。于是，Google 通过开发搜索算法，精心打磨这项服务，把它的价值推向了极致。结果是，它们获得了无与伦比的“差别化”。

LINE 也是如此。

推出 LINE 时，社会上有的是和 LINE 相似的服务，项目规划人员对所有服务都做了调查。但是，他们并不以“差别化”为目标，而是一边观察这些服务的使用状况，一边就“用智能手机通信时用户所追求的最大价值是什么”这一课题，进行彻底的思考。最终，他们把焦点指向文字信息功能，仅以此为目标，简单打造出了这项功能。

由此可见，要差别化就不能以“差别化”为目标。从作为基准的商品中，找出并紧盯对用户来说最为重要的价值，然后加以彻底的打磨。这时，我们才算是真正实现了“差别化”。

思考 37

不追求“创新”
始终耿直地回应当下的需求

想制造创新——对这句话我也深有同感。

但我认为，“创新”是一种越想去追求越会离我们远去的事物。因为人是以自我为中心的。

“想做新的东西。”

“想做过去没有的东西。”

以此为由狂飙奋进，奋勇地干着用户并不需要你去做的事，又有什么意义？这不是创新，而是单纯的自我满足罢了。只能说你已经迷失了商业的本质，不是吗？

我也常以此为戒。

我这一生也经历了各种失败。去追求“两三步后的服务”是我的失败模式之一。比如，我有过这样一次失败。

那是在我当游戏制作组主管的时候，我彻底研究了当时的游戏市场，认为“将来的游戏是实时处理的天下”。在海边打游戏，游戏里也会出现海；下雨时，游戏里也会开始下雨。我确信这是一个“前所未有的构想”，便不顾公司内部的反对，强行开发游戏。不料用户那边并没有什么反响。渐渐地，项目组成员越来越疲乏，我也不得不承认“这是一次失败”。

靠这种“未来会如此”的构想建立的服务几乎没有成功的。看得太远，结果就看丢了用户，使工作成为一个人的游戏。

因此，我一直把下面的这段话铭刻在心中。

集中精力，切实地去满足用户当下所感受到的需求。这既是企业的社会责任，也是提高经商成功率的良方。

始终耿直地回应当下的需求，反而能使我们艰辛地抵达创新之路。

我认为 LINE 采取的正是这种商业手法。

我们把 LINE 的交流功能作为核心，配以游戏、图章、电子商务等模块，积极推进 LINE 的平台化，从而创造了一种商业模式：让各家企业使用这个平台，以此来获取收益。

在硅谷的人们看来，这种模式非常新颖。说得更清楚一点，其实他们曾半信半疑："这样真的行吗？"因为对他们来说，互联网行业归根结底就是看"广告收入"。

我们当然知道，只要在 LINE 的首页放上广告栏就能赚钱。但是，我们没有选择这条路，因为用户嫌广告栏碍眼。LINE 的核心价值是"心情舒畅的交流"。我们绝不能做会损害这一核心价值的事。

于是，员工们绞尽了脑汁。

就说那个赞助商图章（Sponsored・Stamp）吧。向客户企业收取一定的报酬，把该企业的吉祥物形象做成图章，然后把图章免费发放给 LINE 的用户，增强他们与亲近之人交流的乐趣。就是这么一个点子。用户只用自己喜欢的图章，所以不会像广告栏那样有强加于人的感觉；对客户企业来说，通过用户使用图章同样能达到广告宣传的效果。

如今，赞助商图章已成长为 LINE 株式会社的收益支柱之一。当这个商业模式在全世界范围取得成功时，硅谷的人们说："这是一次创新。"

但是，我们绝没有去追求"创新"，也没想过要针对硅谷的常识逆势而行。我们只是在单纯地追求用户心目中的价值。我相信，把对用户价值的追求做到极致后，前方自会产生创新。

思考 38

实现“质量 × 速度”的最大化
抛弃制造方的自我满足

质量 × 速度——令这个乘式的值最大化，是取得一切商业成功的铁则。

质量再高，速度慢了就会坐失胜机。反之，速度再快，如果质量低下，价值就会变小。我认为，快速与高质两者兼备之时，才能造就出强大的商业。

但是这很难。追求质量，就一定会耗费时间；为了速度，就必须在质量方面做出一定程度的妥协。两者之间的平衡该如何把握呢？大家也都在为此烦恼吧。

近年来，这个课题变得越来越重要，对当时的LINE 株式会社来说也是如此。因为就在那时，由于智能手机的登场，市场环境发生了剧变。

话说在过去以个人电脑为“主战场”的时代，是可以做到质量优先的。因为当时处于“搜索”的时代。只要做出了“好东西”，就会被搜索到，从而能一点点地扩大支持者的范围。即使后发仍有挽回差距的机会。也就是说，有一种跑马拉松的感觉。

但是，进入智能手机时代后，使用搜索功能的人大大减少。因此，我们无法再指望一点点地去扩大支持者的范围。决定胜负只在一瞬间。软件在上市的同时，若不能闯入软件商店排行榜的前列，那就完了。它们将无法进入任何人的视野，然后像海里的碎藻一样消失无痕。

所以，起跑时的冲刺意味着一切。一旦落后于竞争对手，就很难挽回了。这种变化就好比从马拉松变成了50米赛跑。像个人电脑时代那样，以质量为先、牺牲速度的做法已不能为市场所容忍。

那么，我们该怎么办呢？我的想法如下：

“质量”到底是什么？

以前我作为软件工程师也从事过产品开发，对质量当然也很执着。说起来我就像旧时的“工匠”，利用最新技术，精益求精地制作产品，只为了能实现最高品质。

然而，要问我是否做出了真正意义上的高质量产品，我只能回答一个“NO”。因为用户并不认可。无论品质有多高，无论功能有多丰富，如果不是用户所需要的，那这些产品就是劣质的，最终只是制造方的自我满足罢了。我们绝不能为这些东西浪费时间，牺牲速度。

此外，重要的是要知道用户需求的本质。然后则是摒弃自我满足，全力应对这个本质。而这一点正是实现以最快速度达成最高质量的最大关键。

LINE 就是这么做的。

LINE 项目的规划者是一群拥有最高技术能力和智慧的员工。只要想做，不管多强的功能他们都能做出来。但是，他们心里想的只有用户。

当时东日本大地震刚过去不久，正是男女老少都极为重视与亲朋好友通信的时候。因此，规划者认为“简单”“易用”“快速舒适的交流”才是用户需求的本质，他们只把这几项作为追求的目标，摒除了一切多余的功能。

正因为如此，他们才能在短短一个半月的时间内完成了软件开发，而且品质优异。之后该软件的热销也证明了这一点。

一件商品，最重要的是质量。

但我们不可错误地理解这句话。想提高质量，最关键的是要精准地把握用户需求的本质。当我们专注于这个本质时，“质量 × 速度”才会实现最大化。

思考 39

“设计”主导一切
最优先考虑用户的使用便利性

商品开发可分为两大方式。

一种是技术型方式，以 Google 为代表。不清楚世人是否需要，总之工程师先推出自己觉得有趣的东西，然后对其中赌赢了的部分进行商业化。这是拥有优秀技术团队和巨额开发资金的 Google 才能做到的方式。

另一种是以设计师为主导的方式。史蒂夫・乔布斯就是其中的典型。具体做法是：彻底探究人们所追求的“价值”，以设计师为主导将这些“价值”实体化。也可以说，这个手法是以“令用户在操作时觉得舒心”之类的“感性”为焦点的。

LINE 株式会社采取后一种方式。

为什么呢？因为互联网市场已经成熟。所谓“市场成熟”，是指用户范围已扩展到无限大，并非被称为“电脑发烧友”、熟知 IT 的一小部分人，而是对 IT 不甚了解的“普通人”也成了用户。

而加速这一进程的正是智能手机的普及。笔记本电脑开始普及时，许多经济学家都预测人手一台电脑的时代即将到来。然而，这样的时代并未到来。

但是，智能手机却使其成为现实。智能手机能 24 小时挂在网上，能带着去任何地方，可以说就是一种小型电脑。由于轻便，如今这个时代就连不怎么用电脑的女高中生、家庭主妇、老年人也都人手一台智能手机。所以，我们必须让设计师主导商品开发，制造出“普通人”也能用得方便舒适的产品，否则用户是不会接受的。

事实上，Google 的大量服务都是先在“电脑发烧友”之间流行起来，再扩散向一般人群的；而 LINE 甫一上市，就以年轻女性为中心一下子传播开去。我确信，这样的现象今后会越来越多。

总之，LINE 株式会社的服务产品开发多以设计师为主导。

当然，优秀的软件工程师也是极其重要的。只是，如果让软件工程师取得领导权，往往容易导致功能过剩。他们总想把最新技术或自己擅长的技术导入产品。说穿了，软件工程师专业技能高超，对他们来说是理所当然的东西，在普通人看来就很难理解了。换言之，软件工程师有时会偏离用户的需求。

于是，设计师的存在变得重要起来。说到设计师，也许大家有一种印象，那是一群构思美丽图纸的人。然而，这完全是误解。倒不如说，在“外观”上拘泥于自身喜好的设计师是很差劲的。真正优秀的设计师会摒除一切个人喜好，深入分析产品“是否便于用户使用”。

换句话说，这些人擅长删除功能。首先，他们会把功能限至最低程度，直到“没这个功能产品就做不下去了”为止。做这项工作也是为了明确一点：我们应该向用户提供的“价值”，其本质是什么。然后，在此基础上，他们会反复进行用户测试，不断追加功能使产品变得更好用——大致就是这么一个流程。

我在想，日本制造业缺乏活力的原因之一不就在于过度偏重技术吗？以技术为中心思考问题，所以才无法删除功能，其结果就是制造出用户不需要的东西。

可是，日本人原本是很擅长“删除”的。

短歌、俳句、水墨画……彻底删除不纯之物、简单表述其本质，正是日本人的审美观。若能从技术主导转为设计主导，以此恢复古已有之的审美观，我想日本经济当能再次振兴。

思考 40

用户不会告诉我们“答案”
深挖用户的声音，靠自己的头脑思考

提供用户需要的东西——这是商业的铁则。所以，在商品开发时有效利用用户的声音是极为重要的。市场调研、听取用户的心声自然重要，就连用户的投诉对企业来说也是一笔宝贵的财富。

但是，这里有一个陷阱——用户未必知道自己真正追求的东西。所以，过度听取用户的声音有时会让我们离用户的需求越来越远。

日本的制造业总是真挚地面对用户的声音。

为了回应用户，制造业者不断追加功能、增加产品种类、修改漏洞，孜孜不倦地努力着。可以说，他们就

是在勤勉地攀爬一条长之又长的坡道，并制造出冠绝世界的优质产品。

然而，用户能告诉我们的无非是对“现有之物”的期望和不满。换言之，回应用户的声音，虽然可使“现有之物”得到打磨，但无法产生创新式的构想——那种在“现有之物”上大大飞跃后获得的构想。

那么，苹果公司是如何引发创新的呢？

当然，他们在开发 iPod 和 iPhone 时，应该也做过市场调研。但是，史蒂夫·乔布斯并不过分纠结于市场调研的结果，而是毫不妥协地做出了他“想要”的东西。于是，“前所未有的东西”诞生了，手握产品的用户意识到“这正是我们想要的东西”。这，就是创新。

但是，乔布斯是天才。凡人即使追求“自己想要的东西”，也无法得到乔布斯那样的结果。那么，我们该怎么做呢？我的观点是，不可浅尝辄止地听取用户的声音，而是要深度挖掘，然后加以思考。

比如，我们询问过用户放弃玩游戏的原因。结果很多人的回答是：玩厌了。于是我们就想，用户为什么会厌倦呢？

后来，我们进一步询问用户，才渐渐弄清了原因。不少人嘴上说“玩厌了”，其实是在游戏玩输的时候放弃的。也有人是因为跟靠钱买装备的人对战不舒服。

那么，不会让玩家产生这种情绪的游戏是什么样的游戏呢？如此这般，我们一边深入挖掘用户的声音一边思考，一点点地摸清了用户真正追求的东西。于是，新游戏的点子就这样诞生了。

LINE 的规划团队也针对智能手机用户实施了周密的市场调研，听到了用户对“免费电话”“照片分享”等功能的需求呼声。然而，他们硬是没把这些功能做进去，开始提供服务时只有简单的短信功能。

为什么呢？因为当时智能手机刚开始普及。如果嵌入大量功能，还没有用惯智能手机的用户反而会觉得难以捉摸。因此，他们将 LINE 的核心价值定义为“能在以电话簿串连起来的现实关系中，用最简单迅捷的方式交换信息”。接着，他们对这一核心价值进行精雕细琢，最终成功地创造出一项服务，使世人觉得“这就是我一直想要的”。

用户不会说出“真正的回答”。

所以，只是表面地听取用户的声音，会使我们走上歧途。深入挖掘用户的心声、靠自己的头脑深入思考“用户真正需要的是什么”，这一点非常重要。我认为这正是一种创新的方法。

シンプルに考える

结束语

年近30岁的某一天，我问了母亲这样一个问题：“小时候我做什么事看起来最快乐？”

那时我还在日本电视放送网的计算机系统部门工作，为一直在做不想做的事而发愁。而且，我并不清楚自己到底想做什么，所以越发觉得苦恼。

当时我想，如果能了解最初那个崭新的、不具备社会常识等“前提条件”的我，也许我就能明白些什么，于是就向母亲提出了这个问题。母亲的回答是“抓虫子”。听到这个答案后，我清晰地回忆起了当时的情况。

我是在东京郊外长大的，那里曾是一个未经开发、充满大自然气息的地方。记得一到夏天，我就会东奔西跑，抓一整天虫子。我喜欢找独角仙、锹形虫的觅食地，抓到虫子也不养，而是马上放掉。我喜欢找新的觅食地，喜欢抓新的虫子。记忆一开，当时那欢欣雀跃的情绪似乎也被唤醒了。

仔细想想，其实我一向喜欢“新事物”。大学时代我玩过爵士乐，而爵士乐本身就是吸收新元素后发展起来的音乐。其代表人物就是迈尔斯·戴维斯。他向爵士乐中导入摇滚、骤停打击乐等新音乐元素，不断地进行创新。我对他的这种生活方式有着强烈的向往，并一直以自己的方式锐意创新，力图创造出新的音乐。那时我很快乐。

回想着往事，我得出了一个结论：我只想做新的事。

从那以后，我就一直在追求“新的事”。

所以，我才会在大企业里不畏倾轧、挑战新的事业；觉得有必要，就会抛弃金钱和地位，改换工作。这种生活方式自然伴随着相应的风险。但是，比起放弃按自己的方式生活，这只是小菜一碟。我觉得，如果不能活出自己的样子，临终时我一定会后悔。

于是，我下定了决心，要为做自己想做的事活着。

归根结底，人生就是一句话：做或不做。不做出某种决定，就绝无可能向前行进。至于这选择是否正确，说实话谁也不知道，但光是左右为难，不付诸行动的话，那也是毫无意义的。我想我们只能用自己的方式得出简单的答案，姑且全力以赴地去做，除此无他。

当然，有时也会失败。

这时，我们要查明失败的原因，并在下一次挑战中以此为鉴。永不放弃、反复推动这一循环，我想就一定能走近成功。如此这般，有时哭泣有时欢笑，一步一步坚持不懈地向前行进。人活着不就是这么一回事吗？

让人们幸福。

我认为，在取得商业成功的过程中，进而在人的一生中，“让人们幸福”才是最重要的事。

这个世界是由用户与商家构成的生态系统。能给予人们所求之物的人，就能生存下去。公司也是如此。当员工做出人们所追求的东西时，爆品也就诞生了。其结果是，公司兴旺发达，在里面工作的人也会变得幸福。“让人们幸福”才是“让自己幸福”的唯一方法。我想，不管在什么时代，只要人类还是人类，这一本质就不会改变。

所以，要做想做的事、活出自己的样子，我们就不能以自我为中心，虽然这话听起来有点儿似是而非。我认为，我们必须成为这样一种人：始终想着“人们需要什么”“人们在烦恼什么”，通过反复尝试、不断摸索，去了解人们的内心活动。

要做到这一点，有一个绝对条件，那就是依自己的感性生活。因为只是听公司和上司的话行事，按操作手册机械地工作，我们会渐渐远离人们的内心。

我们都是一样的人，所以内心深处感受到的情绪也必然与其他人共通。珍视自己的这份情绪，正是为理解他人的情绪而跨出的第一步。所以，我们切不可为了适应社会系统和企业组织，采取扼杀自身感性的工作方式和生活方式。我希望大家都能一心为造福他人，坚持不懈地付出真挚的努力。

同时，我认为公司不可管理过度，把员工当物品看待。为了做公司的齿轮而扼杀自己的人，无法在真正意义上从事令他人喜悦的工作。与其如此，我们还不如构筑一个良好的环境，使怀有高超技能和高度热情的员工能轻松地发挥才干，并彻底地放权给他们。我认为这才是公司得以成长的唯一方法。

告诉我这个道理的是 LINE 株式会社的员工们。

可以毫不夸张地说，我只是在配合他们改变公司的经营方式，而他们也最大限度地发挥了才能，其结果就是创造了 LINE 这个划时代的服务。我对他们唯有感激之情。

当然，我们更不能忘了感谢深爱这项服务的用户。有时我们也会听到严厉的批评，但用户的那些话发自肺腑，是在为公司着想。这一切已成为永难忘怀的回忆，留存在我的心中。

2015 年 3 月 31 日。

我感觉自己是时候转入下一个阶段了，便辞去了LINE 株式会社社长的职务。我没有任何牵挂。LINE 的事业已步入成长的轨道，正是放心交接的好时机。作为曾经的社长，我觉得这真是一件幸福的事。况且，新的经营团队比我更优秀，他们原本就是一直以来引领LINE 事业的佼佼者，所以没什么可担心的。他们一定能让公司发展得比现在更壮大。

至于我，今后还会继续追求“新的事”。

4 月，我创办了一家互联网视频媒体公司——C Channel 株式会社。现已开始发布由女模特或演艺圈人士介绍日本时装、饮食及旅游信息的视频资源。我的想法是，以此为起点，花一定的时间建立一个全新的媒体。

说实话，在这个领域要实现商业化是非常困难的。不过，正因为如此，我更觉得这是我应该做的工作。因为缺少充裕资金的年轻人很难涉足这个行业，年长者必须承担起风险，去挑战这项事业。

而且，日本社会的一大问题是伴随着少子老龄化的经济衰退。在此情况下，社会需要的是新产业的诞生。如果成功办起了新媒体，就能创造出巨大的可能性。日本的媒体还没有在海外成功的先例，所以我是干劲十足的，准备以十年为一个阶段，把 C Channel 培育成时代华纳那样的全球性媒体。

此外，我以独有的方式从过去的经历中摸索出了一套知识和见解，我想运用这些识见，积极致力于对创业者及新兴企业的支援和培育。我要支持那些有干劲的年轻人，让他们更好地一展身手。因为这是激活社会的最佳方式。

当然，哪件事都不是那么容易的。有时也可能会一头撞到墙上，但我还是想和过去一样，有时哭泣有时欢笑，一步一步地向前行进。我已打定主意，要在自己进一步成长的同时，全力以赴为社会做出贡献，哪怕只是一点点。

再次从零开始，自然会有不安。

但是，未来有着无限的可能性。

我愿用自己一赌这未来的可能。

“追求想做的事。”

“为了人们的喜悦而努力。”

今后我也会为贯彻这些简单的原则生活下去。

若能与读过本书的各位一起开创光明的未来，我将感到无上的喜悦。

2015 年 5 月